Leestekens geregeld

# LEESTEKENS GEREGELD

## Genootschap Onze Taal

Meer informatie over deze en andere uitgaven kunt u verkrijgen bij:
Sdu Klantenservice
Postbus 20014
2500 EA Den Haag
tel.: (070) 378 98 80
www.sdu.nl/service

© 2009 Genootschap Onze Taal

Redactie: Taalwerkplaats, Amsterdam
Zetwerk: Holland Graphics, Amsterdam
Omslagontwerp: Snel Communicatie & Advertising, Stolwijk
Druk- en bindwerk: De Groot Drukkerij, Goudriaan

ISBN 978 90 12 58132 5
NUR 624

Alle rechten voorbehouden. Alle intellectuele eigendomsrechten, zoals auteurs- en databankrechten, ten aanzien van deze uitgave worden uitdrukkelijk voorbehouden. Deze rechten berusten bij Sdu Uitgevers bv en de auteur.

Behoudens de in of krachtens de Auteurswet gestelde uitzonderingen, mag niets uit deze uitgave worden verveelvoudigd, opgeslagen in een geautomatiseerd gegevensbestand of openbaar gemaakt in enige vorm of op enige wijze, hetzij elektronisch, mechanisch, door fotokopieën, opnamen of enige andere manier, zonder voorafgaande schriftelijke toestemming van de uitgever.

Voor zover het maken van reprografische verveelvoudigingen uit deze uitgave is toegestaan op grond van artikel 16 h Auteurswet, dient men de daarvoor wettelijk verschuldigde vergoedingen te voldoen aan de Stichting Reprorecht (Postbus 3051, 2130 KB Hoofddorp, www.reprorecht.nl). Voor het overnemen van gedeelte(n) uit deze uitgave in bloemlezingen, readers en andere compilatiewerken (artikel 16 Auteurswet) dient men zich te wenden tot de Stichting PRO (Stichting Publicatie- en Reproductierechten Organisatie, Postbus 3060, 2130 KB Hoofddorp, www.cedar.nl/pro). Voor het overnemen van een gedeelte van deze uitgave ten behoeve van commerciële doeleinden dient men zich te wenden tot de uitgever.

Hoewel aan de totstandkoming van deze uitgave de uiterste zorg is besteed, kan voor de afwezigheid van eventuele (druk)fouten en onvolledigheden niet worden ingestaan en aanvaarden de auteur(s), redacteur(en) en uitgever deswege geen aansprakelijkheid voor de gevolgen van eventueel voorkomende fouten en onvolledigheden.

All rights reserved. No part of this publication may be reproduced, stored in a retrieval system, or transmitted in any form or by any means, electronic, mechanical, photocopying, recording or otherwise, without the publisher's prior consent.

While every effort has been made to ensure the reliability of the information presented in this publication, Sdu Uitgevers neither guarantees the accuracy of the data contained herein nor accepts responsibility for errors or omissions or their consequences.

# Inhoud

1 **Inleiding** 11

2 **Punten** 13
   2.1 Inleiding 13
   2.2 Aan het einde van een zin 13
      2.2.1 Algemeen 13
      2.2.2 Titels, koppen, bijschriften, voetnoten en streamers 15
   2.3 Combinatie met andere leestekens 15
      2.3.1 Aanhalingstekens en haakjes 15
      2.3.2 Wanneer vervalt de punt? 16
   2.4 Punten in afkortingen 17
      2.4.1 Afkortingen met punten 17
      2.4.2 Afkortingen zonder punten 18
      2.4.3 Symbolen: afkortingen van eenheden e.d. 19
      2.4.4 Voorletters en titulatuur 19
   2.5 Punten in cijferreeksen 20
      2.5.1 Aanduiden van niveaus 20
      2.5.2 Cijferreeksen in groepjes verdelen: grote getallen 21
      2.5.3 Cijferreeksen in groepjes verdelen: andere nummers 22
   2.6 Beletselteken (drie puntjes) 23
      2.6.1 Functies van het beletselteken 23
      2.6.2 Hoofdletter of kleine letter na het beletselteken 24
      2.6.3 In een verkort citaat (weglatingsteken) 25

3 **Komma's** 27
   3.1 Inleiding 27
   3.2 Komma, punt of puntkomma? 28
      3.2.1 Kwestie van zinsmelodie 28
      3.2.2 Komma tussen hoofdzinnen 29
   3.3 Komma in opsommingen 30
   3.4 Komma tussen bijvoeglijke naamwoorden 30
      3.4.1 Gelijkwaardige bijvoeglijke naamwoorden 31
      3.4.2 Niet gelijkwaardige bijvoeglijke naamwoorden 31
   3.5 Komma tussen werkwoordsvormen 32
   3.6 Komma bij bijstellingen 33

| | | | |
|---|---|---|---|
| 3.7 | Komma bij betrekkelijke bijzinnen | | 34 |
| | 3.7.1 | Betrekkelijke bijzinnen: beperkend en uitbreidend | 34 |
| | 3.7.2 | Betrekkelijke bijzin die begint met *dat*, *waarmee*, *waarin*, enz. | 36 |
| | 3.7.3 | Betrekkelijke bijzin na een woordgroep met *een* | 37 |
| | 3.7.4 | Verwijzing naar personen of dingen die uniek zijn | 37 |
| 3.8 | Komma voor het voegwoord *dat*? | | 38 |
| 3.9 | Komma voor *en*? | | 39 |
| | 3.9.1 | In opsommingen of gecombineerde zinnen | 39 |
| | 3.9.2 | Na een bijstelling | 40 |
| | 3.9.3 | *Enzovoort, etcetera, en dergelijke* | 41 |
| 3.10 | Komma bij andere voegwoorden dan *en* en *dat* | | 41 |
| | 3.10.1 | *Omdat, om, terwijl, zodat, opdat* | 41 |
| | 3.10.2 | *Als, indien, toen, dan* | 43 |
| | 3.10.3 | *Zoals* | 43 |
| | 3.10.4 | Voegwoord aan het begin van de zin | 44 |
| 3.11 | Komma bij woorden als *echter, immers, bijvoorbeeld* en *kortom* | | 44 |
| | 3.11.1 | *Echter, immers, kortom, tenminste*, enz. | 44 |
| | 3.11.2 | *Bijvoorbeeld* | 46 |
| 3.12 | Komma in de betekenis 'namelijk' | | 46 |
| 3.13 | Komma bij tussenwerpsel, aanspreking en aanhef | | 47 |
| | 3.13.1 | Tussenwerpsels en aansprekingen | 47 |
| | 3.13.2 | *Denk ik, geloof ik, vind ik* | 48 |
| | 3.13.3 | *Stel, stel je voor* | 48 |
| | 3.13.4 | In vaste briefonderdelen | 48 |
| 3.14 | Komma bij citaten | | 49 |
| | 3.14.1 | 'Echte' citaten | 49 |
| | 3.14.2 | 'Onechte' citaten | 50 |
| 3.15 | Komma bij getallen | | 50 |
| 3.16 | Komma's voor de duidelijkheid | | 51 |
| **4** | **Vraagtekens en uitroeptekens** | | **53** |
| 4.1 | Wanneer een vraagteken of uitroepteken? | | 53 |
| | 4.1.1 | Vraagteken bij vraag, uitroepteken bij uitroep | 53 |
| | 4.1.2 | Vraag of geen vraag, dat is de vraag | 53 |
| | 4.1.3 | Herhaalde vraag of uitroep | 55 |
| | 4.1.4 | Titels, bijschriften en streamers | 55 |
| | 4.1.5 | Liever geen twee naast elkaar | 56 |

| | 4.2 | Combinaties met andere leestekens | 56 |
|---|---|---|---|
| | | 4.2.1 Namen en titels met vraagteken of uitroepteken | 56 |
| | | 4.2.2 Citaten met vraagteken of uitroepteken | 57 |
| | | 4.2.3 Bij beletseltekens | 57 |
| | | 4.2.4 Bij afkortingen | 58 |
| | 4.3 | Vraagteken of uitroepteken midden in de zin | 58 |

## 5 Dubbele punten    59

   5.1 Algemeen    59
   5.2 Hoofdletter of niet na dubbele punt?    60
   5.3 Dubbele punt na *namelijk*, *te weten*, *kortom*, *als volgt*, *volgende* e.d.    61
   5.4 Dubbele punt of puntkomma?    62
   5.5 Citaten, gedachten, zinnen, thema's    63
     5.5.1 Citaten    63
     5.5.2 Briefonderwerp    64
     5.5.3 Thema's, motto's en dergelijke    64
   5.6 Opsommingen    64
     5.6.1 Opsomming binnen een zin    64
     5.6.2 Opsomming als verticaal geordend rijtje    65
   5.7 Andere gebruiksmogelijkheden    67
     5.7.1 Rekenkundige aanduidingen    67
     5.7.2 Bijbelpassages    68

## 6 Puntkomma's    69

   6.1 Inleiding    69
     6.1.1 Algemeen    69
     6.1.2 Komma's in plaats van puntkomma's    70
   6.2 Opsommingen    70
     6.2.1 'Horizontale opsomming'    70
     6.2.2 'Verticale opsomming'    70

## 7 Haakjes    73

   7.1 Ronde haakjes    73
     7.1.1 Algemene regels voor haakjes    73
     7.1.2 Haakjes bij een toelichting of aanvulling    73
     7.1.3 Haakjes bij een alternatief    74
     7.1.4 Nadelen van haakjes    74
     7.1.5 Overige toepassingen    75

|  |  |  |
|---|---|---|
| 7.2 | Vierkante haken (tekSthaken) | 76 |
| 7.2.1 | Redactionele toevoegingen | 76 |
| 7.2.2 | Overige toepassingen | 76 |
| 7.3 | Waar komen de haakjes? | 77 |
| 7.3.1 | Algemeen | 77 |
| 7.3.2 | Haakjes in combinatie met een zinseindeteken | 79 |
| 7.3.3 | Haakjes bij bronvermelding | 80 |

## 8 Streepjes in soorten en maten 83

8.1 Gedachtestreepje: 'lang' streepje 83
    8.1.1 Vormgeving 83
    8.1.2 Functies en alternatieven 83
    8.1.3 Combinatie met andere leestekens 84
    8.1.4 Opsommingen 85
8.2 Koppelteken: 'kort' streepje 86
8.3 Weglatingsstreepje: 'kort' streepje 87
8.4 Afbreekteken: 'kort' streepje 88
    8.4.1 Algemeen 88
    8.4.2 Regels voor afbreken 89
    8.4.3 Een woord afbreken waar een streepje in zit 90
    8.4.4 Een woord afbreken waar haakjes in zitten 90
    8.4.5 Een woord afbreken waar een ander leesteken in zit 91
8.5 Streepje bij getallen 91
    8.5.1 'Tot en met' 91
    8.5.2 Telefoonnummers 92
    8.5.3 Geldbedragen 92
8.6 Slash (schuine streep) 93
    8.6.1 In afkortingen, symbolen en getallen 93
    8.6.2 Als typografisch (scheidings)teken 94
8.7 Backslash, underscore en verticale streep 94

## 9 Aanhalingstekens 97

9.1 Vormgeving 97
    9.1.1 Boven of onder, recht of gekruld? 97
9.2 Dubbel of enkel? 98
    9.2.1 Algemeen 98
    9.2.2 Citaten 99
    9.2.3 Citaat van meerdere alinea's 100
    9.2.4 Gedachten 101

|  |  |  |  |
|---|---|---|---|
|  | 9.2.5 | Gevleugelde woorden, lijfspreuken, motto's, thema's | 102 |
|  | 9.2.6 | Woord(en) op bijzondere manier gebruikt | 102 |
|  | 9.2.7 | Zelfnoemfunctie | 103 |
|  | 9.2.8 | Titels, namen, rubrieken | 104 |
| 9.3 | Combinatie met andere leestekens | | 105 |
|  | 9.3.1 | Punt en komma | 105 |
|  | 9.3.2 | Uitroepteken, vraagteken en beletselteken | 106 |
| 9.4 | Ander gebruik van de tekens ' en " | | 108 |

## 10 Apostrofs — 109
10.1 Vormgeving — 109
10.2 Gebruik als weglatingsteken — 109
10.3 Gebruik bij bezitsvormen — 111
10.4 Meervouden, verkleinwoorden, afkortingen, enz. — 112
    10.4.1 Woord eindigt op klinker — 112
    10.4.2 Afkortingen — 112

## 11 Overige tekens en symbolen: &, €, %, enz. — 113
11.1 Accenten — 113
    11.1.1 Als spellingteken — 113
    11.1.2 Als leesteken — 113
11.2 Ampersand — 113
11.3 Apenstaartje — 114
11.4 Emoticons — 114
11.5 Geldbedragen — 115
11.6 Graden, minuten en seconden — 116
11.7 Procent en promille — 117
11.8 Rekenkundige symbolen — 117
11.9 Sterretje — 118

### Over Onze Taal — 119

### Index — 121

# 1 Inleiding

Leestekens zijn het hang-en-sluitwerk van de taal. Ze zijn bedoeld om de structuur van een tekst, in het bijzonder van zinnen, te verduidelijken.

Er zijn geen officiële regels voor leestekens – er is niets bij wet vastgelegd. Wel zijn er tal van conventies en tradities; sommige al heel oud, andere tamelijk recent.

In dit boek wordt ingegaan op alle leestekens die in het Nederlands worden gebruikt: punten, komma's, uitroeptekens, vraagtekens, dubbele punten, puntkomma's, haakjes, streepjes, aanhalingstekens en apostrofs. Ook rekenkundige tekens, valutatekens, symbolen en emoticons komen aan bod.

Accenttekens worden kort aangestipt, maar ze vallen vooral onder de spellingregels, evenals het trema. In *Spelling geregeld*, dat in dezelfde serie is verschenen als dit boek, komen deze tekens uitgebreid aan de orde.

De volgende vragen komen in dit boek aan bod:
- Wanneer gebruik je welk leesteken?
- Waar komen ze te staan?
- Welke zijn te combineren (en hoe)?
- Hoe zien ze eruit?
- Waar hoort rond de leestekens een spatie?

In dit boek worden vooral adviezen gegeven, maar het is niet altijd mogelijk een knoop door te hakken. Er wordt zo veel mogelijk aansluiting gezocht bij de praktijk. Waar de praktijk lijkt te botsen met tradities en oude conventies, is geprobeerd een goed evenwicht te vinden. Dit leidt soms tot stellige uitspraken (iets is goed of fout) en soms tot voorzichtige adviezen (iets verdient de voorkeur, maar een andere oplossing is ook gebruikelijk en is niet fout).

# 2 Punten

## 2.1 Inleiding

Een punt geeft het einde van een zin of afgekort woord aan, en heeft nog enkele andere functies. In dit hoofdstuk komt ook de combinatie van drie punten – het beletselteken – ter sprake; zie § 2.6.

Over het algemeen roept de punt niet zo veel vragen op. Het combineren van de punt met andere leestekens kan soms wel lastig zijn.

## 2.2 Aan het einde van een zin

### 2.2.1 Algemeen

De punt is het meestgebruikte leesteken om een zin af te sluiten. Hij staat gewoonlijk na een neutrale, mededelende zin; na een vraag komt een vraagteken, na een uitroep een uitroepteken (zie hoofdstuk 4). Na de punt hoort één spatie:

- Het is mooi weer vandaag. Ik ben blij dat ik niet hoef te werken.

In plaats van een punt kan soms een puntkomma worden gebruikt; die geeft een wat nauwer verband aan tussen twee mededelingen. De punt kan meestal niet worden vervangen door een komma. Het verschil is vaak te horen: voor een komma gaat de zinsmelodie een beetje omhoog, voor een punt (en in mindere mate voor een puntkomma) gaat ze juist omlaag. Enkele voorbeelden van goede zinnen:

- Het is mooi weer vandaag, zoals Marjon al had voorspeld.
- Door persoonlijke omstandigheden kan ik morgen niet bij de vergadering zijn; hopelijk kan ik de volgende keer wel.
- Door persoonlijke omstandigheden kan ik morgen niet bij de vergadering zijn. Hopelijk kan ik de volgende keer wel.
- Dankzij uitgebreide controles doet de server het weer. Er kunnen nog wat storingen optreden, maar dat zullen er niet veel zijn.

Zinnen als de volgende worden in verzorgd en formeel taalgebruik afgeraden (een zin als de bovenste is overigens niet ongewoon in 'snelle' reclametaal):

- Het is mooi weer vandaag. Zoals Marjon al had voorspeld. In haar weerpraatje van gisteravond.
- Door persoonlijke omstandigheden kan ik morgen niet bij de vergadering zijn, hopelijk kan ik de volgende keer wel.
- Dankzij uitgebreide controles doet de server het weer, er kunnen nog wat storingen optreden. Maar dat zullen er niet veel zijn.

In hoofdstuk 3 wordt uitgebreider ingegaan op komma's, in hoofdstuk 6 op puntkomma's.

> **Let op:**
>
> Ook na een internetadres of e-mailadres aan het einde van een zin komt een punt (of een ander zinseindeteken):
>
> - Meer informatie vindt u op www.onzetaal.nl/advies.
> - Kijk jij vaak op Nu.nl? Nee, maar wel op Buienradar.nl!
> - Meld u aan via info@onzetaal.nl. U krijgt dan een bevestigingsmail.
>
> Zonder de punt zou de nieuwe zin direct achter het mailadres staan (*Meld u aan via info@onzetaal.nl U krijgt dan een bevestigingsmail*); dat is niet alleen incompleet, maar ook verwarrend.
>
> Het gebruik van de punt kan in e-mails een nadeel hebben. Mailprogramma's die internetadressen 'herkennen', maken er automatisch een link van; er zijn programma's die de zinseindepunt als deel van het adres zien, waardoor de link niet werkt. Wie dat per se wil voorkomen, kan een spatie tussen het adres en de punt plaatsen: *Meld u aan via info@onzetaal.nl . U krijgt dan een bevestigingsmail*. Erg fraai is deze oplossing echter niet.

### 2.2.2 Titels, koppen, bijschriften, voetnoten en streamers

Boektitels, hoofdstuk- en paragraaftitels, tabeltitels, enz. zijn geen 'echte' zinnen. Daarom krijgen ze geen zinseindepunt; zie bijvoorbeeld de hoofdstuk- en paragraaftitels in dit boek. Een vraagteken of uitroepteken is wel mogelijk; zie § 4.1.4. Dit geldt ook voor koppen (en tussenkopjes) van artikelen in kranten en tijdschriften en bijvoorbeeld op websites.

Een bijschrift bij een foto of afbeelding krijgt bij voorkeur wel een punt (of ander zinseindeteken). Als het bijschrift alleen een naam bevat (*Joseph Luns*) of een vergelijkbare losse aanduiding (*Joseph Luns in zijn werkkamer*), kan de punt wegblijven. Bij voetnoten kan dezelfde richtlijn worden aangehouden.

In streamers – citaten die opvallend worden vormgegeven en los van de tekst staan – krijgt elke zin een punt (of ander zinseindeteken).

## 2.3 Combinatie met andere leestekens

### 2.3.1 Aanhalingstekens en haakjes

De punt is niet altijd het allerlaatste teken van de zin. In sommige gevallen volgt er nog een aanhalingsteken of een haakje sluiten.

Na een zinseindepunt kunnen (dubbele of enkele) aanhalingstekens volgen bij een citaat of voorbeeldzin aan het einde van de zin:

- Hij zei: "Ik ga maar naar huis."
- Ontleed de volgende zin: 'Het regent dat het giet.'

De aanhalingstekens staan soms vóór de zinseindepunt; zie § 9.3.1.

Na een zinseindepunt komt een haakje sluiten als de zin in zijn geheel tussen haakjes staat. Als een woord of een aantal woorden tussen haakjes staat, komt het haakje sluiten vóór de punt. Zie verder § 7.3.2.

> **Let op:**
> Sommige spellingcontroleprogramma's geven een foutmelding als er na een haakje een punt volgt. Dat is dus niet altijd terecht.

## 2.3.2 Wanneer vervalt de punt?

Als een zin eindigt op een afkorting die met een of meer punten wordt geschreven (zie § 2.4.1), komt daar geen zinseindepunt achter. Dat is ook het geval bij een afkorting aan het einde van een zin tussen aanhalingstekens.

- Ze houdt van voetbal, volleybal, basketbal, enz.
- Ik zie u graag op dinsdag 3 juni a.s.
- In uw mail stond: "Ik zie u graag op dinsdag 3 juni a.s." Op die datum ben ik helaas verhinderd.
- In de mail stond: "dinsdag a.s."

Op een afkortingspunt kan wel een vraagteken of een uitroepteken volgen, ook als de afkorting tussen aanhalingstekens staat (zie ook § 9.3):

- Is de vergadering volgende week of woensdag a.s.?
- Op het briefje stond: "Kom z.s.m.!"
- Stond er in die mail nou: "Ik zie u graag op dinsdag 3 juni a.s."?

De zinseindepunt vervalt als de zin eindigt op een naam met een vraagteken of uitroepteken aan het einde – zoals *Groen!* of *Therapy?* – of op een zin met een uitroepteken of vraagteken aan het einde:

- De vroegere Vlaamse partij Agalev heet sinds 2003 Groen!
- Er komt binnenkort een concert van Therapy?
- Ontleed deze zinnen: 'We zijn wezen fietsen' en 'Is ze hardlopen?'

Als er na het uitroep- of vraagteken iets tussen haakjes staat wat nog bij dezelfde zin hoort, komt er wel een zinseindepunt (na het haakje sluiten):

- Ik wil graag een cd van Therapy? (liefst de nieuwste).
- Hij riep: 'Dat doe ik dus echt niet!' (of zoiets).

Na een punt kan een emoticon volgen (zie ook § 11.4):

- Nou, een prettige vakantie dan maar. ;-)

## 2.4 Punten in afkortingen

In deze paragraaf worden de belangrijkste regels voor het schrijven van punten bij afkortingen gegeven. Er wordt niet ingegaan op álle spellingregels voor afkortingen (bijvoorbeeld de vraag wanneer ze hoofdletters krijgen); zie daarvoor het boek *Spelling geregeld*.

### 2.4.1 Afkortingen met punten

Afkortingen die je niet als afkorting uitspreekt maar 'voluit', krijgen punten:

- i.v.m. *[dit spreek je uit als 'in verband met', niet als 'ie-vee-em']*
- a.s. *[je zegt 'aanstaande']*
- drs. *[je zegt 'doctorandus']*

Ook *a.u.b.* ('alstublieft'), *s.v.p.* ('s'il vous plaît') en *c.q.* ('casu quo') krijgen punten, ook al worden ze vaak letter voor letter en niet voluit uitgesproken.

In principe krijgt ieder afgekort woord een punt: *t.a.v.* ('ter attentie van'), *d.d.* ('de dato'), *v.C./v.Chr.* ('voor Christus'), *bv./bijv.* ('bijvoorbeeld'), *jl.* ('jongstleden'). Bekende uitzonderingen zijn *a.s.* ('aanstaande'), *w.o.* ('waaronder') en *z.o.z.* ('zie ommezijde').

> **Extra**
>
> Van sommige afkortingen – zoals *p./pag.* ('pagina'), *ex.* ('exemplaar') en *hs.* ('handschrift' of 'hoofdstuk') – kan de laatste letter verdubbeld worden om een meervoud aan te duiden. De punt komt ook dan aan het einde: *artt.* ('artikelen'), *exx.* ('exemplaren'), *hss.* ('handschriften' of 'hoofdstukken'), *mss.* ('manuscripten'), *pp./pagg.* ('pagina's'), *vbb.* ('voorbeelden'), *vss.* ('verzen'), *vv.* ('en volgende (bladzijden)').
>
> Nog bijzonderder zijn uiterst formele gevallen als *HH.KK.HH.* ('Hare/Hunne Koninklijke Hoogheden') en *MM.HH.* ('Mijne Heren').

### Let op:

Als een afkorting met punten wordt geschreven, blijven die punten in alle gevallen staan, ook als er bijvoorbeeld een ander leesteken volgt dat voor de zin noodzakelijk is. Een zinseindepunt vervalt wel; zie § 2.3.2.

- Heb je al een reactie gekregen van Jansen B.V.?
- Op 6 juni a.s., dus een week na de opening, is er een inloopdag.

### Extra

Sommige tekstverwerkingsprogramma's en sms-functies staan zo ingesteld dat er na een punt standaard een hoofdletter volgt. Het probleem is dat dit dan ook na een afkorting gebeurt, terwijl na een afkorting de zin in veel gevallen gewoon doorloopt en een kleine letter juist is.

- *[fout:]* Wilt u hier a.u.b. Geen fietsen plaatsen?
- *[goed:]* Wilt u hier a.u.b. geen fietsen plaatsen?

Let hierop bij het typen. Schakel deze instelling indien mogelijk uit. (Veel tekstverwerkingsprogramma's hebben een onderdeel 'autocorrectie', waarin de optie 'Zin met hoofdletter beginnen' uit te vinken is.)

## 2.4.2 Afkortingen zonder punten

Veel afkortingen fungeren als opzichzelfstaand woord en worden niet (meer) 'voluit' uitgesproken. Zulke afkortingen krijgen geen punten:

- cd, hbo, ov *[je zegt 'cee-dee', 'haa-bee-oo', 'oo-vee', niet 'compact disc', 'hoger beroepsonderwijs' en 'openbaar vervoer']*
- mavo, vip, soa *[je zegt 'maavoo', 'vip', 'sooaa']*

Er wordt in de spellingregels onderscheid gemaakt tussen 'letterwoorden' en 'initiaalwoorden'. Letterwoorden zijn afkortingen waarvan alle afzonderlijke letters (een voor een) worden uitgesproken, zoals *tv* en *vwo*. Initiaalwoorden zijn afkortingen die worden uitgesproken alsof ze een 'gewoon' woord zijn, zoals *mavo* en *vip*. (Sommige initiaalwoorden zijn nauwelijks nog als afkorting te herkennen; zo zijn *radar* en *laser* van oorsprong ook afkortingen.)

### 2.4.3 Symbolen: afkortingen van eenheden e.d.

Afkortingen van onder meer (maat)eenheden, chemische elementen en muziektermen zijn symbolen. Een symbool wordt volgens internationaal geaccepteerde en gehanteerde normen zónder punt(en) geschreven: *cm* ('centimeter'), *dl* ('deciliter'), *ha* ('hectare'), *MHz* ('megahertz'), *GB* ('gigabyte'), *Ag* ('zilver'), $CO_2$ ('koolstofdioxide'), *pp* ('pianissimo'), enz.

Tussen een getal in cijfers en een symbool komt normaliter een spatie. In een samenstelling vervalt die spatie en komt er een streepje na het symbool.

- Ik heb een wok gekocht van 55 cm doorsnee.
- Mijn computer heeft nog een 600MHz-processor.

Andere symbolen, zoals @, &, € en °, worden behandeld in hoofdstuk 11.

> **Extra**
>
> Van sommige eenheden bestaat zowel een internationaal erkend symbool als een (Nederlandse) afkorting, bijvoorbeeld bij *uur* (symbool: *h*; afkorting: *u.*), *seconde* (symbool: *s*; afkorting: *sec.*) en *gram* (symbool: *g*; afkorting: *gr.*). In technische teksten worden de symbolen gebruikt, in 'gewone' teksten zijn de afkortingen gebruikelijker dan de symbolen.
>
> - Hij finishte in een tijd van 3 min. en 4 sec.
> - Om 10.00 u. begint de vergadering.
> - Voeg 250 gr. gehakt toe.

### 2.4.4 Voorletters en titulatuur

Achter elke voorletter komt een punt: *J.J. de Vries*, *H.A.F.M.O. van Mierlo*. Tussen de afzonderlijke voorletters komen geen spaties.

Afkortingen van traditionele academische titels, adellijke titels, enz. krijgen een punt, óók als de afkorting eindigt op dezelfde letter als het afgekorte woord: *drs.* ('doctorandus'), *mr.* ('meester'), *jhr.* ('jonkheer'), *sr.* ('senior'), *mevr.* ('mevrouw'). Na elke titel komt een spatie: *dhr. mr. dr. J.J. de Vries.*

Bij internationale titels (volgens het in 2002 ingevoerde bamastelsel) worden geen punten gebruikt: *MA* ('master of arts'), *BSc* ('bachelor of science'), *LLM* ('master of laws'). Deze titels staan achter de naam, eventueel met een komma ervoor: *A. Jelgersma LLM* of *A. Jelgersma, LLM*. De kans is overigens groot dat deze komma in de loop van de tijd gaat verdwijnen.

## 2.5 Punten in cijferreeksen

Punten kunnen gebruikt worden om cijfers in cijferreeksen van elkaar te scheiden. Dat kan twee functies hebben:
- het onderscheiden van niveaus, zoals bij nummers van paragrafen en figuren in een tekst: *2.3*, *6.5*;
- het in groepjes verdelen van cijferreeksen: *1.234.567*, *12.34.56.789*.

Beide functies worden in deze paragraaf nader toegelicht.

### 2.5.1 Aanduiden van niveaus
Het 'scheiden' van niveaus is onder meer nodig om te voorkomen dat *2.3* gelezen wordt als *23*. Hiervoor wordt een punt gebruikt.

Niveauscheiding komt voor bij:
- hoofdstuk- en paragraafnummers: *(paragraaf) 3.1*, *§ 2.2.2.a*, *3.II.i* (zie hieronder voor meer toelichting);
- nummers van figuren en tabellen: *figuur 6.5*, *tabel 2.6*;
- notatie van uren en minuten: *9.30 uur*, *10.00-12.00 u.*;
- notatie van minuten en seconden in verschillende takken van sport, zoals schaatsen: *een tijd van 3.49,50* (bedoeld is: 3 minuten, 49 seconden en 50 honderdste); ook de notatie *een tijd van 3'49"50* is mogelijk, maar die heeft een wat wetenschappelijker karakter.

In een hoofdstuk-, paragraaf-, figuur- of tabelnummer komt na het laatste cijfer bij voorkeur géén punt. Als er weinig ruimte tussen het nummer en de titel zit, is een punt wel te verdedigen.

- 3.2   Wensen en eisen
- Figuur 5.4  Groei van de economie
- 4.2.4. Conclusies

Na zo'n nummer aan het einde van de zin komt wel een zinseindepunt:

- Meer hierover leest u in paragraaf 2.5.1.

Andere vormen van scheidingstekens:
- Bij verwijzing naar passages uit de Bijbel en Koran komt een dubbele punt als scheidingsteken: *Genesis 1:10, soera 5:18* (zie § 5.7.2).
- In huisnummers met een lettertoevoeging zit geen scheidingsteken: *Raamweg 1a*; bij een (Romeins) cijfer als toevoeging komt vaak een streepje: *Vlekstraat 9-II*, of wordt 'superscript' toegepast: *Vlekstraat $9^{II}$*.

## 2.5.2 Cijferreeksen in groepjes verdelen: grote getallen

Een (lange) reeks cijfers kan soms verwarrend zijn voor lezers. Als houvast kan zo'n reeks in groepjes cijfers worden verdeeld met behulp van punten.

Dit gebeurt allereerst bij grote getallen en geldbedragen: *12.000, 16.579.932, € 32.499,95, $ 27.000*, enz. De cijfers worden zo veel mogelijk in groepjes van drie verdeeld, te beginnen bij de cijfers die het meest rechts staan. De punten markeren duizendtallen, miljoentallen, enz.

Deze regel geldt voor getallen van vijf of meer cijfers. In getallen van vier cijfers komt bij voorkeur geen punt. In viercijferige geldbedragen is de punt nog wel gebruikelijk (maar niet noodzakelijk): *€ 1.700,–*. In jaartallen van vier cijfers komt nooit een punt: *1973*. (Maar bijvoorbeeld wel: *10.000 v.Chr.*)

> **Let op:**
> 
> Als decimaalteken wordt niet de punt gebruikt maar de komma (de punt is een Engelse notatiewijze); zie ook § 3.15.
> 
> - Haar lichaamstemperatuur was 38,9 °C. [niet: *38.9 °C*]
> - Een lengte van 1,20 meter is voldoende. [niet: *1.20 meter*]
> - Ik had gemiddeld een 8,5 voor Frans. [niet: *een 8.5*]
> 
> In de statistiek wordt doorgaans wel een punt gebruikt: $p < 0.5$.

> **Extra**
> 
> Volgens enkele technische normen zijn spaties beter dan punten (*16 579 932*; *3,141 592 7*). In technische en wetenschappelijke teksten komen de spaties inderdaad vaak voor; in de praktijk zijn punten juist het meest gangbaar.

### 2.5.3 Cijferreeksen in groepjes verdelen: andere nummers

Ook andere cijferreeksen kunnen worden verduidelijkt met punten, zoals bankrekeningnummers (in Nederland; in België zijn streepjes gewoner). In plaats van punten zijn ook spaties mogelijk. De indeling is als volgt: een punt per twee cijfers, gerekend vanaf links; helemaal rechts kunnen er drie staan.

- U kunt het overmaken op rekeningnummer 12.34.56.789.
- Is jouw oude gironummer 47.47.47?
- U kunt het overmaken op rekeningnummer 12 34 56 789.
- Is jouw oude gironummer 47 47 47?

In telefoonnummers komen spaties tussen de groepjes cijfers: *06 - 98 76 54 32*, *+70 356 12 20*. Zie voor telefoonnummers ook § 7.1.5 en § 8.5.2.

In ISBN-nummers staan spaties of streepjes: *978 90 274 3964 2* of *978-90-274-3964-2*.

## 2.6 Beletselteken (drie puntjes)

Een beletselteken is een reeks van drie punten bij elkaar. (Het gebruik van meer dan drie punten wordt afgeraden.) Het teken komt onder meer voor bij onverwachte wendingen, onderbrekingen en verzuchtingen in een zin (zie § 2.6.1), en kan ook een weggelaten deel van een citaat vervangen (zie § 2.6.3).

> **Extra**
>
> Verschillende tekstverwerkings- en vormgevingsprogramma's hebben een apart teken voor het beletselteken. In Word bijvoorbeeld worden – tenzij de instellingen gewijzigd zijn – drie achter elkaar getypte punten automatisch vervangen door één teken, waarbinnen de ruimte tussen de puntjes net iets groter of kleiner is dan die tussen gewone punten. Een voorbeeld:
>
> - Drie puntjes … als losse tekens
> - Drie puntjes … als apart teken
>
> Voor kritische lezers kan het er onverzorgd uitzien als beide mogelijkheden door elkaar in één tekst worden gebruikt. Hierop moet een vormgever letten.

### 2.6.1 Functies van het beletselteken

Beletseltekens komen onder meer voor in zinnen die een onverwachte wending, een onderbreking, een aarzeling of een verzuchting bevatten:

- Werken vind ik leuk … voor anderen.
- Ik vroeg hem: "Wil je me even …" Maar hij liet me niet uitpraten.
- "Ik dacht … ik wilde …", begon hij aarzelend.
- De directeur mailde dat ik niet meer hoef te komen …

Het beletselteken kan soms op dezelfde manier worden gebruikt als het gedachtestreepje: *Werken vind ik leuk – voor anderen*. Zie § 8.1.

Ook kan het beletselteken worden gebruikt na een reeks voorbeelden die de lezer zelf kan of moet aanvullen, of na een passage die vooruitloopt op de volgende zin:

- In feestwinkels verkopen ze van alles: ballonnen, slingers, pruiken ...
- Bedden verschonen, boodschappen doen, de auto wassen ... Elke zaterdag is het weer een drukke bedoening thuis.
- Het is weer zover ... de kat heeft op de bank geplast.

Als het beletselteken aan het einde van een zin staat, komt er niet nog een punt achter, ook niet als het een zin afsluit die tussen aanhalingstekens staat. Andere leestekens zijn wel mogelijk:

- In Gent is veel te doen: er zijn musea, restaurants, parken ...
- Wat wil je eten: pannekoeken, spaghetti, patat ...?
- Zeventien plus zes is ...?
- Wát nou ...!
- Hij zei: "Ik ga naar huis ..."
- Hij zei: "Ik ga naar huis" ...
- Het bleek niet waar te zijn (en ik had het nog zo gehoopt ...).
- Het bleek niet waar te zijn (en ik had het nog zo gehoopt) ...

> **Let op:**
> Over het algemeen wordt geadviseerd voor én na het beletselteken een spatie te plaatsen, behalve wanneer een stuk van een woord is weggelaten (*'Wat heb je ged...', begon hij*) of wanneer er nog een leesteken achter komt (zoals in de voorbeeldzin *Wát nou ...!* hierboven).
> In de praktijk wordt de spatie vóór het beletselteken vaak weggelaten. Het verdient aanbeveling afspraken hierover in een huisstijl vast te leggen.

### 2.6.2 Hoofdletter of kleine letter na het beletselteken

Het woord ná een beletselteken kan een hoofdletter krijgen, maar ook een kleine letter. Het hangt ervan af of (voor je gevoel) de zin nog doorloopt na het beletselteken of dat er een nieuwe zin begint. Als hulpmiddel hierbij kan bekeken worden of er in plaats van het beletselteken ook een punt zou kunnen worden gebruikt (in dat geval komt er een hoofdletter) of een komma of dubbele punt (in dat geval komt er een kleine letter):

- Het pad loopt door en door … Dan maakt het plots een bocht. *[Want: Het pad loopt door en door. Dan maakt het plots een bocht.]*
- Het pad loopt door en door … en maakt dan plots een bocht. *[Want: Het pad loopt door en door, en maakt dan plots een bocht.]*
- Het is weer zover … de kat heeft op de bank geplast. *[Want: Het is weer zover: de kat heeft op de bank geplast.]*

### 2.6.3 In een verkort citaat (weglatingsteken)

Het beletselteken wordt ook gebruikt om aan te geven dat een deel van een gesproken of geschreven citaat is weggelaten. Het staat dan tussen haakjes.

- De premier zei: "Dit kabinet zal zich (…) aan al zijn beloftes houden, zoals ik al eerder zei."

Als het aan het einde van een citaat wordt gebruikt, komt er een zinseindeteken (punt, vraagteken of uitroepteken) achter.

- De premier herhaalde: "Dit kabinet zal zich zonder meer aan al zijn beloftes houden (…)."
- De journalist vroeg: "Kunt u dat beloven (…)?"

Er worden bij voorkeur ronde haken gebruikt; vierkante haken zijn minder gewoon. Andere toevoegingen binnen een citaat worden gewoonlijk tussen vierkante haken geschreven; zie § 7.2.1.

> **Let op:**
>
> Het beletselteken tussen haakjes wordt ook wel *weglatingsteken* genoemd. Die term is verwarrend, omdat hij ook vaak wordt gebruikt voor het streepje in bijvoorbeeld *op- en afrit* (zie § 8.3) en voor de apostrof in *A'dam* (§ 10.2).

# 3 Komma's

> **Let op:**
> Dit hoofdstuk gaat niet over de tekens ' en " (apostrof en aanhalingstekens). Zie daarvoor hoofdstuk **9** en **10**.

## 3.1 Inleiding

De komma is een lastig leesteken. De belangrijkste uitgangspunten zijn:
- een komma is een hulpmiddel voor de lezer om de structuur van de zin duidelijker te maken;
- een komma wordt geplaatst als er bij het voorlezen een duidelijke pauze hoorbaar is.

Op het gebied van komma's zijn de conventies nogal eens veranderd. Veel mensen hebben geleerd dat er bijvoorbeeld voor een bijzin altijd een komma komt. Deze 'grammaticale' interpunctie is langzaam maar zeker vervangen door de 'ritmische' interpunctie, die uitgaat van de intonatie van de zin en de pauzes die daarin klinken. Dat neemt niet weg dat tussen zinsdelen of deelzinnen een komma soms wel duidelijk(er) kan zijn.

In dit hoofdstuk wordt onder meer ingegaan op:
- de belangrijkste verschillen tussen komma's, punten en puntkomma's;
- komma's voor en na bijzinnen en bijstellingen;
- komma's voor voegwoorden; komma's in opsommingen.

Er worden vooral adviezen gegeven; niet alles is in regels te vangen.

## 3.2 Komma, punt of puntkomma?

### 3.2.1 Kwestie van zinsmelodie

Het is niet altijd eenvoudig de juiste keuze te maken tussen een komma, een punt en een puntkomma. In veel gevallen is het verschil te horen: voor een komma gaat de zinsmelodie een beetje omhoog, voor een punt (en in mindere mate voor een puntkomma) gaat ze juist omlaag.

Een volledige zin wordt in principe afgesloten met een zinseindeteken: een punt, uitroepteken of vraagteken. Maar twee of meer zinnen kunnen ook gecombineerd worden tot één nieuwe, langere zin. Dat kan door middel van een dubbele punt (zie hoofdstuk 5) of puntkomma (zie hoofdstuk 6), maar ook bijvoorbeeld met een voegwoord (*en, maar, want, omdat, als*, enz.), een betrekkelijk voornaamwoord (*die, dat, wat*) of een woord als *waardoor, waarmee, waarin*. Verderop in dit hoofdstuk wordt daar nader op ingegaan.

Een komma wordt bij voorkeur níét gebruikt in een geval als hieronder, waarin beide deelzinnen een opzichzelfstaande zin (kunnen) zijn; een punt of puntkomma is dan beter te verdedigen:

- *[liever niet:]* Door persoonlijke omstandigheden kan ik morgen niet bij de vergadering zijn, hopelijk kan ik de volgende keer wel.
- *[wel juist:]* Door persoonlijke omstandigheden kan ik morgen niet bij de vergadering zijn; hopelijk kan ik de volgende keer wel.
- *[wel juist:]* Door persoonlijke omstandigheden kan ik morgen niet bij de vergadering zijn. Hopelijk kan ik de volgende keer wel.

In het volgende voorbeeld is één keer een punt nodig en één keer een komma. Voor *maar* klinkt een korte pauze; vandaar de komma op die plaats.

- Dankzij uitgebreide controles doet de server het weer. Er kunnen nog wat storingen optreden, maar dat zullen er niet veel zijn.

Ook in de volgende zin staat de komma voor een voegwoord, namelijk *zoals*:

- Het is mooi weer vandaag, zoals Marjon al had voorspeld.

Als de tweede deelzin een verklaring/uitleg/motivatie van de eerste uitdrukt, is een dubbele punt juist (zie verder hoofdstuk 5):

- We gaan toch maar niet naar IJsland: het wordt ons te duur.

### 3.2.2 Komma tussen hoofdzinnen

Er zijn gevallen waarin een komma tussen twee hoofdzinnen toch heel goed mogelijk is, ook al zijn ze niet verbonden door een voegwoord, betrekkelijk voornaamwoord of iets dergelijks. Een voorbeeld:

- Onze tuin wordt goed onderhouden, die van de buren is een zootje.
- Het water is hier niet ondoorzichtig, het is helder tot in de diepte.

Er wordt hier een tegenstelling uitgedrukt die ook goed met *maar* zou kunnen worden weergegeven. Het verband tussen de twee mededelingen is zo sterk dat een punt of puntkomma een iets te sterke scheiding aangeeft.

Ook in gevallen als de volgende bestaat een speciaal verband tussen de twee hoofdzinnen, dat goed met *hoewel* zou kunnen worden uitgedrukt:

- Het mag dan onmogelijk lijken, we gaan het proberen. *[Hoewel het onmogelijk lijkt, gaan we het proberen.]*
- Je houdt dan wel niet van klassiek, je moet toch mee naar het concert. *[Hoewel je niet van klassiek houdt, moet je (...).]*

In verhalende teksten kunnen punten en puntkomma's grotere rustpauzes oproepen dan komma's, wat niet altijd wenselijk is voor de vaart van het verhaal. Sommige schrijvers gebruiken liever komma's, wat onder meer goed te verdedigen is als de samenhang van de zinnen goed uit de context blijkt.

Zie ook hoofdstuk 2 (punten) en 6 (puntkomma's).

## 3.3 Komma in opsommingen

In opsommingen in een gewone zin worden normaal gesproken komma's tussen de onderdelen gebruikt, behalve voor het laatste onderdeel als dat wordt voorafgegaan door *en* of *of*. Er zijn overigens zinnen mogelijk waarin (om een andere reden) wél een komma voor *en* nodig is (zie § 3.9).

- Morgen gaan we fietsen, wandelen, zwemmen en picknicken.
- Hou je het meest van fietsen, wandelen, zwemmen of picknicken?
- Er zijn bij het onderzoek drie wetenschappers betrokken: een archeoloog, een hoogleraar psychiatrie en een studente.

In relatief lange of complexe opsommingen zijn puntkomma's vaak geschikter als scheidingsteken; zie § 6.2.

**Let op:**

De volgende zinnen bevatten een ongelijksoortige opsomming:

- *[niet juist:]* Hou het park schoon, rustig en geniet.
- *[twijfelachtig:]* Er is plaats voor nieuwe bedrijven, kennis- en onderwijsinstellingen.

In de eerste zin verwacht je na de bijvoeglijke naamwoorden *schoon* en *rustig* nog een bijvoeglijk naamwoord, maar er volgt een werkwoordsvorm. In de tweede zin zit binnen de laatste twee onderdelen van de opsomming een samentrekking; dat wringt met het niet-samengetrokken eerste deel (*bedrijven*). Betere, soepeler leesbare formuleringen zijn:

- Hou het park schoon en rustig, en geniet. *[De komma is hier duidelijker; hij geeft een korte pauze aan.]*
- Er is plaats voor nieuwe bedrijven en nieuwe kennis- en onderwijsinstellingen.

## 3.4 Komma tussen bijvoeglijke naamwoorden

Soms komt er een komma tussen twee bijvoeglijke naamwoorden.

### 3.4.1 Gelijkwaardige bijvoeglijke naamwoorden

De belangrijkste richtlijn is dat er een komma komt als de twee bijvoeglijke naamwoorden gelijkwaardig (of 'nevengeschikt') zijn: ze benoemen onafhankelijk van elkaar een eigenschap van het zelfstandig naamwoord dat erachter staat. Twee bijvoeglijke naamwoorden zijn gelijkwaardig als je zonder probleem de volgorde ervan kunt omdraaien:

- Ik erger me aan zijn platvloerse, flauwe grappenmakerij.
- Ik erger me aan zijn flauwe, platvloerse grappenmakerij.

Beide zinnen drukken uit dat de grappenmakerij flauw én platvloers is; er is nauwelijks betekenisverschil tussen deze zinnen. Bij hardop lezen is een duidelijke pauze tussen de twee naamwoorden hoorbaar. Vaak is de komma te vervangen door *en*:

- Ik erger me aan zijn platvloerse en flauwe grappenmakerij.

### 3.4.2 Niet gelijkwaardige bijvoeglijke naamwoorden

Als twee bijvoeglijke naamwoorden onomkeerbaar zijn – dat wil zeggen: een váste volgorde hebben – en dus niet gelijkwaardig zijn, hoor je geen pauze en komt er geen komma. In de volgende zin zijn *onverwachte* en *persoonlijke* onomkeerbaar, omdat *persoonlijke* één geheel vormt met *omstandigheden*:

- [*goed:*] Door onverwachte persoonlijke omstandigheden kan ik niet aanwezig zijn.
- [*minder goed:*] Door onverwachte, persoonlijke omstandigheden kan ik niet aanwezig zijn. [*Want de omgekeerde volgorde, 'persoonlijke, onverwachte omstandigheden', is niet mogelijk.*]

Het al dan niet plaatsen van een komma tussen bijvoeglijke naamwoorden kan een betekenisverschil of nuanceverschil met zich meebrengen. Vergelijk:

- Irene heeft een nieuwe digitale camera gekocht.
- Irene heeft een nieuwe, digitale camera gekocht.

In de bovenste zin hád Irene al een digitale camera, en heeft ze een nieuwe camera gekocht die ook digitaal is. De onderste zin deelt mee dat Irene een nieuwe camera heeft gekocht, en dat die bovendien digitaal is; er blijkt niet uit of ze al een digitale camera had (maar erg waarschijnlijk is dat niet).

Of neem de volgende twee zinnen:

- De serveerster heeft prachtige, rode haren.
- De serveerster heeft prachtige rode haren.

De bovenste zin zegt twee dingen over de haren van de serveerster: ze zijn prachtig en ze zijn rood. In de onderste zin hangen die twee eigenschappen meer samen: het zijn niet zomaar rode haren, het zijn práchtige rode haren; misschien zijn ze (volgens de schrijver) zelfs zo mooi omdát ze rood zijn.

Een komma kan dus soms voor een (klein) betekenisverschil zorgen.

## 3.5 Komma tussen werkwoordsvormen

Tussen twee persoonsvormen (vervoegde werkwoordsvormen in de verleden of tegenwoordige tijd) die naast elkaar staan, komt vaak een komma:

- Wat zij gezegd heeft, is heel opmerkelijk.
- Nu ik er langer over nadenk, vind ik het geen gek idee.
- Als je het mij vraagt, moeten we maar gewoon meedoen.
- De kleuren die in alle gevallen domineren, zijn rood en groen.

Dat geldt ook voor andere werkwoordsvormen waartussen een pauze klinkt:

- Wat zij heeft bereikt, is te danken aan haar doorzettingsvermogen.
- Nu ik er langer over heb zitten nadenken, vind ik het geen gek idee.
- Om dit goed te kunnen beoordelen, is meer onderzoek vereist.
- Zonder er eerst goed over na te denken, liep hij de kamer binnen.
- Door zich urenlang aan een wrakstuk vast te klampen, wist het meisje het bootongeluk te overleven.

- Door bodyguards omringd, vluchtte de filmster naar binnen.

In korte zinnen kan de komma tussen werkwoordsvormen wat makkelijker achterwege blijven, met name als er geen duidelijke pauze hoorbaar is:

- Wat je zegt ben je zelf.
- Wie dit leest is gek.
- Voor je het weet is het zover.
- Wat opvalt is dat het nog niet geregend heeft.

De komma is in veel van zulke gevallen een vrije keuze; ook juist zijn dus:

- Wat zij gezegd heeft is heel opmerkelijk.
- Wat zij heeft gezegd is heel opmerkelijk.
- Nu ik er langer over heb zitten nadenken vind ik het geen gek idee.
- Door bodyguards omringd vluchtte de filmster naar binnen.
- Om dit goed te kunnen beoordelen is meer onderzoek vereist.

Rondom beknopte bijzinnen die beginnen met een voltooid deelwoord (zoals *gebaseerd*) of een tegenwoordig deelwoord (zoals *wonend*) blijven de komma's achterwege als er geen pauzes klinken:

- Nieuwsberichten gebaseerd op roddels moet je niet serieus nemen.
- De gezinnen wonend aan de Kruiskade worden geëvacueerd.

## 3.6 Komma bij bijstellingen

Een bijstelling is een woord of woordgroep waarmee iets extra's wordt gezegd over het voorafgaande zinsdeel. Normaal gesproken zijn de bijstelling en het eerdere zinsdeel omwisselbaar zonder dat de betekenis van de zin anders wordt. Bijstellingen staan veelal tussen komma's (maar kunnen ook tussen gedachtestreepjes staan; zie daarvoor § 8.1.2):

- Jacqueline Cramer, de minister van VROM, was niet aanwezig.
- De minister van VROM, Jacqueline Cramer, was niet aanwezig.

De tweede komma vervalt als de bijstelling aan het einde van de zin staat of aan het einde van een passage tussen gedachtestreepjes:

- Ik kreeg een brief van Jacqueline Cramer, de minister van VROM.
- Een van de aanwezigen – Jacqueline Cramer, de minister van VROM – had taart meegebracht.

Nog enkele voorbeelden van zinnen met een bijstelling:

- Ricardo, nou niet bepaald de slimste van het stel, liep voorop.
- In de *Algemene Nederlandse Spraakkunst*, een boek in twee kloeke delen, is bijna alles over grammatica te vinden.
- Hij zei tegen zijn baas, een arrogante vent, dat hij vakantie wilde.
- Op u, leden van de Staten-Generaal, rust een belangrijke taak.

Het gebruik van een bijstelling heeft soms tot gevolg dat er een komma voor *en* staat; dat is geen probleem, zoals in § 3.9 wordt besproken.

- De minister van VROM, Jacqueline Cramer, en haar plaatsvervanger waren niet aanwezig.

> **Let op:**
> In combinatie met een functieaanduiding als *minister van VROM*, waar er maar één van is, zijn de komma's erg gebruikelijk. Ze kunnen in bepaalde contexten echter ook worden weggelaten, onder meer als er geen lidwoord voor de functieaanduiding staat. Er klinken dan meestal ook geen pauzes.
>
> - Minister Cramer van VROM was niet aanwezig.
> - Minister van VROM Jacqueline Cramer was niet aanwezig.

## 3.7 Komma bij betrekkelijke bijzinnen

### 3.7.1 Betrekkelijke bijzinnen: beperkend en uitbreidend
De volgende twee zinnen betekenen niet hetzelfde:

- Esthers tante, die in Turkije woont, komt morgen logeren.
- Esthers tante die in Turkije woont, komt morgen logeren.

In de eerste zin staat dat Esther één tante heeft: die woont in Turkije, en ze komt morgen logeren. In de tweede zin staat dat die ene tante die in Turkije woont, komt logeren; hoeveel tantes Esther heeft, blijkt er niet uit. Het betekenisverschil wordt veroorzaakt door de komma voor *die*.

Het deel *die in Turkije woont* is een betrekkelijke (ook wel: bijvoeglijke) bijzin. Zo'n bijzin zegt iets over de voorafgaande woordgroep. Er zijn twee soorten betrekkelijke bijzinnen: uitbreidende bijzinnen en beperkende bijzinnen. Afhankelijk van de betekenis komt er wel of geen komma voor *die*.

- In de eerste zin is *die in Turkije woont* een, zoals dat heet, uitbreidende bijzin. Deze vertelt iets meer over de tante, maar kan worden weggelaten zonder dat er belangrijke informatie verloren gaat. De mededeling is in feite: 'Esthers tante komt logeren', en er wordt aan toegevoegd dat ze in Turkije woont. Een uitbreidende bijzin staat altijd tussen komma's.
- In de tweede zin is *die in Turkije woont* een beperkende bijzin. Die kan niet zonder meer wegblijven. Hij geeft een nadere specificering – een 'beperking' – van de betekenis van *Esthers tante*: niet Esthers enige tante komt logeren, maar specifiek die tante die in Turkije woont. Vóór een beperkende bijzin staat geen komma; erachter vaak wel, omdat de bijzin gewoonlijk eindigt met een werkwoord en de hoofdzin ook vaak met een werkwoord wordt vervolgd.

Het verschil tussen de uitbreidende en de beperkende bijzin is meestal te horen. De uitbreidende bijzin wordt op een wat lagere toon uitgesproken; de komma's zijn als rustpunt in de zin goed te horen. De beperkende bijzin wordt zonder pauze direct na *Esthers tante* uitgesproken.

Ook de volgende zin zou met een komma een heel andere betekenis hebben:

- In ons land wonen 300.000 allochtonen die taalproblemen hebben.

Deze zin bevat een beperkende bijzin: van alle allochtonen in ons land zijn er 300.000 met taalproblemen. Mét een komma voor *die* zou er staan dat er 300.000 allochtonen in ons land wonen (die allemaal taalproblemen hebben).

Nog een laatste voorbeeld:

- Langdurig werklozen die recht hebben op een extra uitkering, kunnen zich melden bij de gemeente.

Zou er een komma staan na *langdurig werklozen*, dan wordt er beweerd dat álle langdurig werklozen recht hebben op een extra uitkering (en dat ze zich allemaal bij de gemeente kunnen melden).

**3.7.2   Betrekkelijke bijzin die begint met *dat*, *waarmee*, *waarin*, enz.**
Een betrekkelijke bijzin (uitbreidend dan wel beperkend) kan behalve met *die* ook beginnen met *dat*, *waarin*, *waarmee*, *waardoor*, *met wie*, *van wie*, enz. Dan gelden dezelfde kommaconventies als in § 3.7.1. Enkele voorbeelden:

- Het toneelstuk, dat Smit in een week schreef, was een succes.
  *[Uitbreidend: er is al eerder in de tekst sprake geweest van dat toneelstuk, en er wordt nu extra informatie over gegeven, namelijk dat Smit het in een week schreef.]*
- Het toneelstuk dat Smit in een week schreef, was een succes.
  *[Beperkend: het gaat specifiek om dat ene stuk dat Smit in een week schreef – de andere waren (waarschijnlijk) geen succes.]*
- Die Chinese stokjes waar jij zo handig mee kunt eten, ben ik kwijt.
  *[Beperkend: geen willekeurige Chinese stokjes, maar die waar jij zo handig mee bent.]*
- Die Chinese stokjes, waar jij zo handig mee kunt eten, ben ik kwijt.
  *[Uitbreidend: jij bent met alle Chinese eetstokjes handig.]*
- De brief van 18 april waarin u om informatie vraagt, is ontvangen.
  *[Beperkend: de u-persoon heeft op 18 april meerdere brieven geschreven; die waarin hij om informatie vraagt, is ontvangen.]*
- De brief van 18 april, waarin u om informatie vraagt, is ontvangen.
  *[Uitbreidend: de u-persoon heeft op 18 april één brief geschreven, en daarin vraagt hij om informatie.]*

Als een woord als *waarmee* of *waardoor* terugslaat op een zinsgedeelte dat een opzichzelfstaande zin kan zijn, komt er altijd een komma; dat geldt ook voor het woord *wat*:

- Het is niet goed gegaan, waarmee ik niet bedoel dat het is mislukt.
- We kregen een lekke band, waardoor we een uur te laat waren.
- "Dat is waar", zei Frits, waarna hij de kamer uit liep.
- We wonnen de hoofdprijs, wat ik me nog lang zal herinneren.

Ga bij twijfel uit van de intonatie: als er een pauze klinkt, is een komma op zijn plaats. In dat geval zijn er van de zin meestal twee aparte zinnen te maken, bijvoorbeeld:

- Het is niet goed gegaan. Daarmee bedoel ik niet dat het is mislukt.
- "Dat is waar", zei Frits. Daarna liep hij de kamer uit.

### 3.7.3 Betrekkelijke bijzin na een woordgroep met *een*

Bij een verwijzing naar een zelfstandig naamwoord waar het lidwoord *een* voor staat, brengt het al dan niet plaatsen van een komma (zie § 3.7.1.) vaak nauwelijks betekenisverschil met zich mee:

- Evi heeft een auto gekocht die veel weg heeft van de pausmobiel.
- Evi heeft een auto gekocht, die veel weg heeft van de pausmobiel.

Ga hierbij uit van de intonatie: als er een pauze klinkt na *gekocht*, is een komma op zijn plaats. In dat geval zijn er van de zin meestal twee aparte zinnen te maken:

- Evi heeft een auto gekocht. Die heeft veel weg van de pausmobiel.

### 3.7.4 Verwijzing naar personen of dingen die uniek zijn

Een betrekkelijke bijzin die verwijst naar iets waar er maar één van is (zoals *internet*) of naar een begrip dat in zijn algemeenheid bedoeld is (zoals *blu-ray*), komt tussen komma's; het is dan namelijk per definitie een uitbreidende bijzin en geen beperkende.

- Via het internet, dat almaar groeit, kun je rare dingen bestellen.
- Er verschijnen steeds meer films op blu-ray, dat een betere kwaliteit biedt dan de dvd.

Dit geldt ook voor bedrijfs- en persoonsnamen:

- Mijn man werkt bij Philips, dat nog steeds goede zaken doet.
- Kijk eens hoe goed Bart Chabot, die elk jaar meedoet aan het Groot Dictee, het deze keer weer doet.

Er is immers maar één Bart Chabot; als er iets extra's over hem wordt gezegd – zoals *die elk jaar meedoet aan het Groot Dictee* – is dat per definitie een uitbreidende bijzin. Zonder komma (*Bart Chabot die elk jaar meedoet (...)*) wordt de suggestie gewekt dat er meerdere Bart Chabots zijn; *die elk jaar meedoet* zou dan nader bepalen welke van deze Barten precies bedoeld is.

In de volgende zin kan de komma wél worden weggelaten, omdat er meerdere architecten met de naam Cuypers zijn. Overigens is het ook dan gebruikelijker om de komma wél te schrijven.

- We zagen een kasteel van de architect Cuypers(,) die ook de bijbehorende tuin had ontworpen.

## 3.8 Komma voor het voegwoord *dat*?

Voor het voegwoord *dat* komt over het algemeen geen komma:

- Ik vind het leuk dat zij ook naar Leeuwarden verhuist.
- Je zag aan de bomen dat de winter in aantocht was.
- Het is onvermijdelijk dat er ontslagen vallen.
- Ik heb nooit beweerd dat ik getreurd heb om Michaels dood.
- Ik dacht dat je zei dat Henri ook had beloofd dat hij zou komen.

> **Let op:**
> *Dat* is niet altijd een voegwoord. In *Het huis(,) dat je zag*, kost een miljoen is het een betrekkelijk voornaamwoord; zie § 3.7.2.

Als er bij het (voor)lezen van een zin een duidelijke rustpauze te horen is voor *dat*, is het overigens prima om deze komma ook te schrijven. Dit is bijvoorbeeld het geval als de zin voor *dat* heel erg lang is:

- Ik heb er in het bijzijn van een aantal goede vrienden en collega's vele jaren geleden al eens op gezinspeeld, dat ik in de toekomst naar het buitenland hoop te verhuizen.

Een komma die bij een bijstelling hoort (zie § 3.6), blijft voor *dat* wel staan:

- Hij zei tegen zijn baas, een arrogante vent, dat hij vakantie wilde.
- Het ligt voor de hand, zo blijkt uit het rapport, dat we winst maken.

Als de zin begínt met *dat*, komt er vrijwel altijd een komma na de bijzin die door *dat* wordt ingeleid (vergelijk ook § 3.5 en 3.10.4):

- Dat zij ook naar Leeuwarden verhuist, vind ik erg gezellig.
- Dat ik getreurd heb om Michaels dood, heb ik nooit beweerd.

## 3.9 Komma voor *en*?

### 3.9.1 In opsommingen of gecombineerde zinnen

Een hardnekkig misverstand wil dat er voor *en* nooit een komma mag staan, maar dat is zeker niet het geval. Bij (korte) opsommingen is inderdaad geen komma nodig: *We zagen schapen, geiten, paarden en koeien.* Maar in lange opsommingen kan *en* verduidelijkend werken. Bovendien komt *en* niet alleen in opsommingen voor; het kan ook twee (deel)zinnen aaneenkoppelen. Als daartussen een pauze klinkt, is een komma gewenst, en vaak zelfs beter.

- U hoeft u geen zorgen te maken over salarisbetalingen, afdrachten, aanmeldingen bij verzekeraars, en informatieverstrekking aan allerlei instanties.
- We moeten flink bezuinigen, en dat zal niet makkelijk worden.
- Gezien de peiling valt een politieke aardverschuiving te verwachten, en het is zelfs maar de vraag of de premier kan aanblijven.
- "Dat is waar", zei Frits, en hij liep de kamer uit.

Een komma geeft een (kleine) rust aan, maar kan ook de interpretatie van een zin bepalen. In sommige kan het ontbreken van een komma voor *en* tot een niet-bedoelde betekenis of verwarrende zinsstructuur leiden, zoals hier:

- Ferry ontmoette tijdens zijn studie jongens die dol waren op Belgisch bier en meisjes met blonde haren.
- In dit hoofdstuk wordt ingegaan op komma's en apostrofs en aanhalingstekens worden elders behandeld.

De bovenste zin is op twee manieren te lezen: waren de jongens die Ferry ontmoette dol op Belgisch bier én op blonde meisjes, of ontmoette hij (naast liefhebbers van Belgisch bier) zelf ook blonde meisjes? Ook de onderste zin is niet duidelijk: hoort *komma's en apostrofs* bij elkaar, of juist *apostrofs en aanhalingstekens*? Een komma voor *en* kan die verwarring voorkomen:

- Ferry ontmoette tijdens zijn studie jongens die dol waren op Belgisch bier, en meisjes met blonde haren.
- In dit hoofdstuk wordt ingegaan op komma's, en apostrofs en aanhalingstekens worden elders behandeld.

Die onderste zin is overigens nog duidelijker met een puntkomma:

- In dit hoofdstuk wordt ingegaan op komma's; apostrofs en aanhalingstekens worden elders behandeld.

### 3.9.2 Na een bijstelling

Er komt altijd een komma voor en na een bijstelling (zie § 3.6) of een vergelijkbare opmerking, dus ook als daarna het woord *en* volgt.

- Frits bezocht Vera Smit, de moeder van de bruid, en de bruidegom.
- Er wordt veel regen verwacht, vooral in Limburg, en het waait hard.

In de bovenste zin is *de moeder van de bruid* een bijstelling bij *Vera Smit*: Vera Smit en de moeder van de bruid zijn dezelfde persoon. Frits bezocht dus haar en de bruidegom. Zónder komma voor *en* staat er iets anders, namelijk dat Frits drie mensen bezocht, óf dat mevrouw Smit de moeder van de bruid en de moeder van de bruidegom was (en dat Frits alleen haar bezocht):

- Frits bezocht Vera Smit, de moeder van de bruid en de bruidegom.

### 3.9.3 *Enzovoort, etcetera, en dergelijke*

Het verdient aanbeveling om in een opsomming die eindigt met *enzovoort* of *etcetera* – of de afkorting *enz.* of *etc.* – een komma te zetten voor dat woord. Bij *en dergelijke* wordt de komma bij voorkeur weggelaten. Als het niet om een opsomming gaat, kan de komma voor *enzovoort* en *etcetera* wegblijven. Het hangt er daarbij ook van af of er een korte pauze wordt gehoord of niet.

- Ons bedrijf verzorgt trainingen, cursussen, dagworkshops, etc.
- Door gebruik te maken van ijzer, staal, aluminium, enzovoort maakte de artiest bijzonder stevige kunstwerken.
- Door gebruik te maken van ijzer, staal, aluminium en dergelijke maakte de artiest bijzonder stevige kunstwerken.
- Bejaarden etcetera hoefden weer eens niets te betalen.
- De mensen achter ons in het vliegtuig begonnen opeens luidkeels te zingen: 'We hebben een potje met vet' enzovoort.
- Een silodroger wordt gebruikt voor het drogen van granen etc.

Let op: na de afkorting *enz.*, *etc.* of *e.d.* hoort geen zinseindepunt; zie § 2.3.2.

## 3.10 Komma bij andere voegwoorden dan *en* en *dat*

Vóór voegwoorden als *omdat*, *doordat*, *zodat*, *opdat*, *nadat*, *aangezien*, *hoewel*, *terwijl*, *maar* en *want* komt meestal een komma. Meestal is de intonatie bepalend bij de vraag of er een komma voor het voegwoord komt. Als ervóór een korte pauze klinkt, of als de zinsmelodie na het voegwoord duidelijk lager is dan ervoor, is een komma juist:

- Vincent ging naar huis, aangezien het regende.
- Vincent ging naar huis, hoewel het regende.
- Vincent ging naar huis, want het regende.

In deze paragraaf komen zowel algemene regels als speciale gevallen aan bod.

### 3.10.1 *Omdat, om, terwijl, zodat, opdat*

Bij *omdat* kan het al dan niet plaatsen van een komma een betekenisverschil met zich meebrengen, afhankelijk van de context:

- Vincent ging naar huis, omdat het regende.
- Vincent ging naar huis omdat het regende.

In de bovenste zin is het feit dat Vincent naar huis ging nieuwe informatie; vervolgens wordt daar een reden bij genoemd. In de onderste zin wordt alleen gezegd waaróm Vincent naar huis ging; dát hij naar huis ging, wordt bekend verondersteld bij de lezer. Er is ook een verschil in intonatie: in de bovenste zin ligt de nadruk vooral op *huis* en klinkt daarna een pauze; in de onderste ligt de nadruk op *regende* en klinkt er geen pauze na *huis*.

Het verschil dat de komma teweegbrengt, is nog groter na een ontkenning:

- Vincent ging niet naar huis, omdat het regende.
- Vincent ging niet naar huis omdat het regende.

De onderste zin betekent (meestal) dat Vincent wél naar huis ging, maar dat de reden daarvoor niet was dat het regende. Als lezer verwacht je hierdoor dat Vincent een andere reden had; de zin wordt dan vaak aangevuld met iets als 'maar omdat hij buikpijn had'. In de bovenste zin ging Vincent níét naar huis.

> **Let op:**
> De komma in zinnen als *Vincent ging niet naar huis(,) omdat het regende* is dus van belang voor de betekenis. De betekenis van de zin zónder komma kan soms bijna tegengesteld zijn aan die van dezelfde zin mét komma.

Grofweg hetzelfde onderscheid als bij *omdat* kan worden gemaakt bij *om*:

- We hebben deze regeling niet ingevoerd, om iedereen de kans te geven zelf te kiezen. *[De regeling is niet ingevoerd. Daardoor heeft iedereen de kans zelf te kiezen.]*
- We hebben deze regeling niet ingevoerd om iedereen de kans te geven zelf te kiezen. *[De regeling is wel ingevoerd, maar om een andere reden dan dat iedereen dan zelf kan kiezen.]*

Ook de komma voor *terwijl* kan een bepaalde betekenisnuance aanbrengen:

- Vincent ging naar huis terwijl het regende.
- Vincent ging naar huis, terwijl het regende.

De bovenste zin geeft antwoord op de vraag wanneer Vincent naar huis ging. De onderste zin biedt informatie over wat Vincent deed, en voegt daaraan toe dat het regende op het moment dat hij dat deed (het is te lezen als: 'en dat terwijl het regende'). Dit subtiele verschil is niet in elke context relevant; aan de intonatie is vaak te horen of er een komma moet staan of niet.

Voor *zodat* en *opdat* staat vrijwel altijd een komma:

- We deden het stiekem, zodat niemand iets merkte.
- We deden het stiekem, opdat niemand iets zou merken.

### 3.10.2 *Als, indien, toen, dan*

Voor *als*, *indien*, *toen* en *dan* is een komma nodig als je een pauze hoort:

- Vincent wilde naar huis toen het begon te regenen.
- Vincent wilde net naar huis gaan, toen het plots begon te regenen.
- Vincent wil altijd naar huis als het begint te regenen.
- Vincent wil dadelijk naar huis, als het tenminste droog blijft.
- Regent het, dan wil Vincent naar huis.
- Als het regent, dan wil Vincent naar huis.
- Je kunt beter een nieuwe auto kopen, dan ben je voordeliger uit.

Strikt genomen zou er in de onderste zin ook heel goed een puntkomma kunnen staan, omdat het een combinatie is van twee zinnen die ook op zichzelf kunnen staan. Een komma is in dit geval echter gebruikelijker.

### 3.10.3 *Zoals*

Bij *zoals* kan de komma een betekenisverschil veroorzaken:

- An houdt niet van klassieke componisten, zoals Bach en Händel.

- An houdt niet van klassieke componisten zoals Bach en Händel.

In de eerste zin houdt An niet van klassieke componisten in het algemeen; Bach en Händel worden daarbij als – weglaatbaar – voorbeeld genoemd. In de tweede zin houdt An niet van een bepaald type klassieke componisten, namelijk die van het type Bach en Händel.

- Als wij de kwestie moeten beoordelen zoals u verzoekt, houden we geen rekening met eerdere beoordelingen.
- Als wij de kwestie moeten beoordelen, zoals u verzoekt, houden we geen rekening met eerdere beoordelingen.

In de eerste zin betekent *zoals u verzoekt* 'op de manier die u wenst'; in de tweede zin staat alleen dat de u-persoon verzocht heeft de kwestie te beoordelen.

### 3.10.4 Voegwoord aan het begin van de zin
Als de zin begint met een voegwoord, komt er bij voorkeur een komma tussen de bijzin en de hoofdzin:

- Als je moeilijkheden hebt met de juiste studiekeuze, kan ik je nog wel wat tips geven.
- Zoals ik al eerder heb gezegd, wil Vincent naar huis.

Die komma is in elk geval nodig als het tweede zinsstuk een vraag of een gebiedende wijs bevat:

- Toen je binnenkwam, viel je toen iets vreemds op?
- Als je zin hebt in iets lekkers, pak het dan zelf even.

## 3.11 Komma bij woorden als *echter, immers, bijvoorbeeld* en *kortom*

### 3.11.1 *Echter, immers, kortom, tenminste,* enz.
Er zijn woorden waar een komma achter komt als ze aan het begin van de zin staan, maar (meestal) niet als ze wat verderop in de zin staan. Staan ze helemaal achteraan, dan komt er vaak wel een komma voor. Het gaat onder andere om de bijwoorden *echter, immers, kort-*

*om*, *tenminste*, *trouwens*, *helaas* en *bovendien*, en om woordgroepen als *in elk geval* en *hoe dan ook*.

Hieronder een aantal voorbeelden, die min of meer voor zich spreken:

- Echter, dat is niet altijd het geval.
- Dat is echter niet altijd het geval.

- Immers, we hadden geen zin om nat te worden.
- We hadden immers geen zin om nat te worden.

- Kortom, je kunt best op je intuïtie vertrouwen.
- Je kunt(,) kortom(,) best op je intuïtie vertrouwen.
- Je kunt best op je intuïtie vertrouwen, kortom.

Na *kortom* kan ook een dubbele punt volgen; zie § 5.3.

- Tenminste, als je denkt dat dit de bedoeling is.
- Als je tenminste denkt dat dit de bedoeling is.
- Als je denkt dat dit de bedoeling is, tenminste.

- Trouwens, de extra voorstelling kan toch doorgaan.
- De extra voorstelling kan trouwens toch doorgaan.
- De extra voorstelling kan toch doorgaan, trouwens.

- Helaas, de winkel was dicht.
- De winkel was helaas dicht.
- De winkel was dicht, helaas.

- Bovendien, je hebt je huiswerk nog niet af.
- Je hebt bovendien je huiswerk nog niet af.

- In elk geval, het lijkt me beter om nog even te wachten.
- Het lijkt me in elk geval beter om nog even te wachten.

- Hoe dan ook, het lijkt me beter om nog even te wachten.
- Het lijkt me hoe dan ook beter om nog even te wachten.
- Het lijkt me beter om nog even te wachten, hoe dan ook.

Als dergelijke woorden aan het begin van de zin staan en een andere woordvolgorde veroorzaken, komt er geen komma:

- Helaas was de winkel dicht.
- Bovendien heb je je huiswerk nog niet af.
- In elk geval lijkt het me beter om nog even te wachten.

### 3.11.2 *Bijvoorbeeld*

Het woord *bijvoorbeeld* kan op verschillende plaatsen in de zin staan; het hangt ervan af waar het betrekking op heeft. Het hoeft niet per se tussen komma's te staan, maar ze zijn soms prettiger voor de leesbaarheid.

- In het cursusboek worden vele kwesties behandeld, bijvoorbeeld de risico's van beleggen en de voordelen ervan.
- In het cursusboek worden vele kwesties behandeld: de risico's van beleggen bijvoorbeeld, en de voordelen ervan.
- In het cursusboek worden vele kwesties behandeld. Wat de risico's van beleggen zijn, bijvoorbeeld, en welke voordelen het heeft.
- In het cursusboek worden vele kwesties behandeld: wat de risico's van beleggen zijn, bijvoorbeeld, en welke voordelen het heeft.

Na *bijvoorbeeld* kan, vooral aan het begin van een zin, ook een dubbele punt komen als er een pauze klinkt (zie ook § 5.6.1):

- In het cursusboek worden vele kwesties behandeld, bijvoorbeeld: de risico's van beleggen en de voordelen ervan.
- In het cursusboek worden vele kwesties behandeld. Bijvoorbeeld: wat zijn de risico's van beleggen en welke voordelen heeft het?

## 3.12 Komma in de betekenis 'namelijk'

Een komma kan een nuanceverschil met zich meebrengen. Dat blijkt al uit de paragraaf over betrekkelijke bijzinnen (§ 3.7) en die over *omdat* en *om* (§ 3.10.1), maar er zijn meer gevallen. Een voorbeeld:

- Er staan twee standbeelden, aan weerszijden van de deur.
- Er staan twee standbeelden aan weerszijden van de deur.

In de bovenste zin is *aan weerszijden van de deur* een extra toevoeging; de komma is hier te lezen alsof hij 'namelijk' betekent: 'Er staan twee standbeelden, namelijk aan weerszijden van de deur.' De onderste zin is te lezen alsof er aan beide zijden van de deur, dus links én rechts, twee standbeelden staan; in totaal zijn het er dan dus vier. Deze lezing is niet verplicht; het kan ook om twee beelden gaan, als dat in de context past.

Andere voorbeelden waarbij de komma een – subtiel – betekenisverschil met zich mee kan brengen (doordat hij de betekenis 'namelijk' suggereert):

- Ik wil nog een boterham met stroop.
- Ik wil nog een boterham, met stroop.
- Morgen opent het bedrijf zijn tweede filiaal in Amsterdam.
- Morgen opent het bedrijf zijn tweede filiaal, in Amsterdam.

## 3.13 Komma bij tussenwerpsel, aanspreking en aanhef

### 3.13.1 Tussenwerpsels en aansprekingen

Woorden of woordgroepen die niet of nauwelijks verbonden zijn met de verdere grammaticale structuur van de zin, worden tussen komma's gezet. Het gaat daarbij onder meer om tussenwerpsels (zoals *ja*, *tjonge* en *hoor*) en aansprekingen (namen bijvoorbeeld, of een woord als *papa*). Voorbeelden:

- Tjonge, is het alweer zo laat?
- Ik zag hem, pats-boem, op zijn neus vallen.
- Dat meen je toch niet echt, hè?
- Kijk, zo doe je dat.
- Sanne, heb je het naar je zin hier?
- Luister eens even, Aiwen, moet je niet naar school?
- Je moet begrijpen, jongen, dat het niet zo werkt.
- Je wordt ouder, papa.

Als twee van zulke woorden direct achter elkaar staan en ook duidelijk bij elkaar horen, kan de komma daartussen vervallen. Dat geldt met name als het tussenwerpsel kort is:

- Zeg Aiwen, moet je niet naar school?
- Ja mama, ik heb je gehoord.

### 3.13.2 Denk ik, geloof ik, vind ik

Voor en na opmerkingen als *denk ik*, *geloof ik* en *vind ik* horen traditioneel komma's. Als zo'n woordgroep vooral als synoniem van *volgens mij* wordt gebruikt, kunnen de komma's wegblijven (net als bij *volgens mij* zelf). De traditionele voorkeur gaat – in verzorgdere teksten – nog uit naar:

- De gemeente heeft, denk ik, niet goed naar mij geluisterd.
- Zij heeft, vind ik, de juiste beslissing genomen.

In informele teksten is het weglaten van de komma's rondom *denk ik* en *vind ik* niet bezwaarlijk:

- Dat moet je denk ik aan je vriendin vragen.

Als *denk ik*, *vind ik* of *geloof ik* aan het einde van de zin staat, komt er in ieder geval een komma voor (zie ook § 3.14.2):

- De gemeente heeft niet goed naar mij geluisterd, vind ik.
- Dat moet je aan je vriendin vragen, denk ik.

### 3.13.3 Stel, stel je voor

Na *stel* aan het begin van een zin komt een komma als de rest van de zin de gewone zinsvolgorde heeft. Een dubbele punt is ook wel mogelijk, maar ziet er wat 'zwaar' uit. Als *stel* wordt verlengd tot iets als *stel je eens voor*, is een dubbele punt beter. Voor *dat* komt geen komma (zie ook § 3.8):

- Stel, je hebt een bijstandsuitkering.
- Stel je nu eens voor: je hebt een bijstandsuitkering.
- Stel dat je een bijstandsuitkering hebt.
- Stel je nu eens voor dat je een bijstandsuitkering hebt.

### 3.13.4 In vaste briefonderdelen

Er komt ook een komma aan het einde van de aanhef in een brief of e-mail:

- Geachte mevrouw Van den Bosch,
- Beste leden van de raad,

Bij de afsluiting van een zakelijke brief of e-mail komt er een komma na de groet (zoals *Hoogachtend* of *Met vriendelijke groet*). Na de naam van de schrijver komt een komma als zijn of haar functie erachter op dezelfde regel staat, maar geen komma als de functiebenaming op een nieuwe regel staat.

> **Let op:**
>
> Volgens de huidige Nederlandse briefconventies begint de eerste zin van de brief standaard met een hoofdletter, ook al eindigt de aanhef op een komma.
> De functiebenaming wordt met een kleine letter geschreven, ook als ze in de slotregel staat.

## 3.14 Komma bij citaten

### 3.14.1 'Echte' citaten

Tussen een geciteerde zin en een formulering als 'zei Jan' komt in veel gevallen een komma. Die fungeert dan als verduidelijkend scheidingsteken.

- 'Het wordt al donker', zei Jan.
- "Een nieuwe lente en een nieuw geluid", schreef Herman Gorter.

Traditioneel komt de komma ná het aanhalingsteken sluiten. Hij komt ervóór als de komma ook in de geciteerde zin zelf zit en het citaat na de onderbreking nog verdergaat:

- 'Dit is mijn vrouw,' zei Jan-Willem, 'die zo goed pianospeelt.'
  [De geciteerde zin is: *Dit is mijn vrouw, die zo goed pianospeelt.*]
- "Het land is moe," zo begint een lied van Drs. P, "de hemel grijs."
  [De geciteerde zin is: *Het land is moe, de hemel grijs.*]

Let op: veel uitgeverijen hanteren dit onderscheid niet en plaatsen de komma altijd vóór het aanhalingsteken. Zie verder § 9.3.

## 3.14.2 'Onechte' citaten

Bij 'onechte' citaten komt ook een komma. Het gaat dan om zinnen die niet per se letterlijk zo zijn uitgesproken of opgeschreven, maar die de inhoud van een standpunt, gedachte of mededeling verwoorden; daarachter wordt vermeld van wie het standpunt, de gedachte of de mededeling afkomstig is:

- Er is al genoeg geld verspild, vind ik.
- Er is al genoeg geld verspild, denken de aandeelhouders.
- Er is al genoeg geld verspild, aldus de voorzitter.
- Waar moet het heen?, is een vraag die bij veel werknemers speelt.
- Zo moet het!, hield ik mezelf stoer voor.

De komma kan eventueel (maar liever niet) wegblijven als het 'citaat' eindigt op een vraagteken of uitroepteken (vergelijk § 4.1 en § 9.3.2):

- Waar moet het heen? is een vraag die bij veel werknemers speelt.
- Zo moet het! hield ik mezelf stoer voor.

Rondom zo'n zin kunnen aanhalingstekens komen als hij het karakter van een echte vraag heeft (zie ook § 9.3.2); ook dan kan de komma wegblijven:

- 'Waar moet het heen?', is een vraag die bij veel werknemers speelt.
- 'Waar moet het heen?' is een vraag die bij veel werknemers speelt.

Zie § 9.2.4 voor het weergeven van gedachten.

## 3.15 Komma bij getallen

In getallen wordt de komma als decimaalteken gebruikt (niet de punt):

- Haar lichaamstemperatuur was 38,9 °C. [niet: *38.9 °C*]
- Een lengte van 1,20 meter is voldoende. [niet: *1.20 meter*]
- Ik had gemiddeld een 8,5 voor Frans. [niet: *een 8.5*]

In de statistiek wordt doorgaans wel een punt gebruikt: $p < 0.5$.

In grote getallen worden als scheidingstekens punten gebruikt en geen komma's: *50.000*, *16.536.426*. (Zie ook § 2.5.2.)

Er wordt bij voorkeur een komma gebruikt in verwijzingen als de volgende, die een onderverdeling in steeds specifiekere tekstdelen weergeven; de komma staat tussen twee opeenvolgende tekstdelen (niet na het laatste):

- Meer hierover is te lezen in hoofdstuk 3, paragraaf 4, onderdeel B.
- Volgens artikel 2, lid 3, sub a hebt u recht op een uitkering.
- Zie ook deel XII, boek III, kolom 486 van het *Woordenboek der Nederlandsche Taal*.

## 3.16 Komma's voor de duidelijkheid

In zijn algemeenheid kan een komma in veel gevallen gebruikt worden voor de duidelijkheid. De noodzaak daarvan verschilt van zin tot zin. Hier een paar voorbeelden:

- De zaak dient, zo is bepaald door de rechter, te worden behandeld.
- De zaak dient, zo is bepaald, door de rechter te worden behandeld.
- Schaam je je, je je klasgenoten niet te herinneren?
- Hij wilde me, in plaats van drie, vier zoenen geven.
- Wil je me laten weten of, en zo ja hoe laat, je komt?

Soms zijn gedachtestreepjes een goed alternatief (zie ook § 8.1):

- Wil je me laten weten of – en zo ja hoe laat – je komt?
- De zaak dient – zo is bepaald – door de rechter te worden behandeld.

Na een bijzonder lang zinsdeel aan het begin van een zin (voorafgaand aan de persoonsvorm) kan eventueel een komma komen.

- Binnen vierentwintig tot achtenveertig uur na de met u overlegde inbehandelingname van uw incasso-opdracht, sommeren wij de debiteur schriftelijk tot betaling.
- In het kader van de door de regering beschikbaar gestelde zendtijd voor de Bond van Doorstarters, volgt nu een uitzending van de Bond van Doorstarters.

# 4 Vraagtekens en uitroeptekens

## 4.1 Wanneer een vraagteken of uitroepteken?

### 4.1.1 Vraagteken bij vraag, uitroepteken bij uitroep
Zoals de namen al suggereren, wordt het vraagteken gebruikt bij een vraag en het uitroepteken bij een uitroep. Er komt geen spatie voor het vraagteken of uitroepteken (zoals in het Frans gebeurt); erna komt wel een spatie.

- Hoe laat begint het feest?
- Het zal zo wel lukken, toch?
- Wat een rommel is het hier!
- Afblijven!

Hierboven gaat het om directe, opzichzelfstaande vragen en uitroepen. Als ze zijn ingebed in een (langere) zin, blijft het vraagteken of uitroepteken weg:

- Hij vroeg me hoe laat het feest begon.
- Peter schreeuwde buiten zinnen dat Willem II gewonnen had.

Als een indirecte of niet-letterlijke vraag aan het begin van de zin staat, volgt er een komma:

- Of ik het leuk vond om mee te gaan, vroeg ze me.
- Hoe laat zou het feest beginnen, vroeg hij zich af.

### 4.1.2 Vraag of geen vraag, dat is de vraag
Sommige zinnen beginnen als vraag, maar worden afgesloten met een stuk zin dat geen vraag is en geen vraagintonatie heeft. Er wordt dan geen vraagteken gebruikt maar een punt of uitroepteken:

- Zal ik je even helpen, want het is al laat.
- Zou je wel op de fiets gaan, want het regent nogal.
- Heb je het gehoord: de afdelingschef is ontslagen!

Bevat de hele zin vraagintonatie, dan eindigt hij wel op een vraagteken:

- Wil je nog steeds mee, nu je dit hebt gehoord?
- Zal ik je even helpen, zodat het wat vlugger gaat?

> **Let op:**
>
> Zinnen die als vraag beginnen maar geen vraagteken bevatten, zijn niet altijd fraai of duidelijk. In zulke gevallen is herschrijven soms een optie:
>
> - Zal ik je even helpen? Dan gaat het wat vlugger.
> - Zal ik je even helpen? Het is immers al laat.
> - Zou je wel op de fiets gaan? Het regent namelijk nogal.

Er zijn zinnen waarvan de formulering sterk op een vraag lijkt, maar die feitelijk alleen een 'als ...'-betekenis hebben. Zo is met *Houdt u van dieren* in de zinnen hieronder eigenlijk bedoeld: 'Als u van dieren houdt'. De traditionele conventie is om na zo'n formulering een komma te zetten, in de moderne conventie is een vraagteken gewoner:

- Houdt u van dieren, bezoek dan eens de Beekse Bergen.
- Houdt u van dieren? Bezoek dan eens de Beekse Bergen.

Een vraag wordt soms indirect onder woorden gebracht. Vergelijk:

- Vanmorgen had ik het installatiebedrijf aan de lijn. Of het uitkwam als de monteur vandaag nog zou langskomen?
- Vanmorgen had ik het installatiebedrijf aan de lijn. Of het uitkwam als de monteur vandaag nog zou langskomen.

Het vraagteken suggereert sterker dat er echt zo'n soort vraag is gesteld.

Het vraagteken kan ook worden gebruikt in zinnen die een onzekerheid of voorzichtigheid uitdrukken; meestal bevat zo'n zin vragende zinsintonatie:

- Misschien willen je ouders ons wel brengen?
- Ik vroeg me af of je me zou willen helpen?

Er zijn zinnen met het uiterlijk van een vraag die in eerste instantie als uitroep bedoeld zijn. Een uitroepteken is dan logischer:

- Hoe heb je dat nou kunnen doen!
- Wat dacht je wel niet!

In zinnen die eruitzien als een vraag maar toch als vrij stellige mededeling bedoeld zijn, is een punt ook mogelijk (een vraagteken is voorzichtiger):

- Mag ik u verzoeken vóór 27 augustus de gegevens te controleren.
- Mag ik u verzoeken vóór 27 augustus de gegevens te controleren?

### 4.1.3 Herhaalde vraag of uitroep

Bij een uitroep of vraag die direct in dezelfde vorm herhaald wordt, zijn er twee mogelijkheden: tweemaal een uitroepteken dan wel vraagteken, of na de eerste keer een komma. Tweemaal hetzelfde teken komt krachtiger over:

- Sneller, sneller!
- Sneller! Sneller!
- Mag het, mag het?
- Mag het? Mag het?

De volgende zin bevat twee vragen die sterk bij elkaar horen; in zo'n geval kunnen ze door middel van een komma bij elkaar worden gehouden:

- Kan ik mijn hortensia snoeien, en zo ja: hoe gaat dat het best?

### 4.1.4 Titels, bijschriften en streamers

Een vraagteken of uitroepteken kan – anders dan een punt (zie § 2.2.2) – aan het einde van een naam of titel staan: boektitels, filmtitels, hoofdstuk- en paragraaftitels, tabeltitels, grafiektitels, namen van organisaties, enz. Dat geldt ook voor (tussen)koppen, bijschriften en streamers; vergelijk § 2.2.2.

- Waar gaat het Nederlands naartoe? *[boektitel]*
- Groen! *[naam van een Vlaamse politieke partij]*
- Uitroepteken! *[titel van een lied van Drs. P]*
- Wanneer een vraagteken of uitroepteken? *[paragraaftitel]*

### 4.1.5 Liever geen twee naast elkaar

In verzorgde teksten eindigt een zin op maximaal één vraag- of uitroepteken. Twee (of meer) komt erg overdreven of schreeuwerig over. In informele contexten is het minder storend, al is dat vooral een kwestie van smaak.

- *[informeel:]* Heeft iemand onze kat gezien???
- *[informeel:]* Fiets op slot zetten!!!!

Bij een uitroep die tegelijk grote verbazing uitdrukt (of geamuseerdheid), kan de combinatie van een vraagteken en uitroepteken wel krachtiger zijn:

- Zijn vader riep: 'Wat heb je nou toch weer gedaan?!'

## 4.2 Combinaties met andere leestekens

### 4.2.1 Namen en titels met vraagteken of uitroepteken

Als de zin eindigt op een naam of titel die zelf op een vraagteken of uitroepteken eindigt, vervalt de zinseindepunt:

- Laatst las ik het boek *Waar gaat het Nederlands naartoe?*
- De vroegere Vlaamse partij Agalev heet sinds 2003 Groen!

Als een vraag eindigt op een naam of titel met een uitroepteken, of als een uitroep eindigt op een naam of titel met een vraagteken, blijven beide tekens staan:

- Koop nu het boek *Waar gaat het Nederlands naartoe?!*
- Hoe denkt u over de nieuwe plannen van Groen!?

Het combineren van twee vraagtekens dan wel twee uitroeptekens is wel mogelijk, maar wordt over het algemeen te opzichtig gevonden; de voorkeur gaat in zulke gevallen dus uit naar één vraag- of uitroepteken:

- Ken jij het boek *Waar gaat het Nederlands naartoe?*
- Stem nu op Groen!

### 4.2.2 Citaten met vraagteken of uitroepteken

Als de zin eindigt op een citaat met een vraagteken of uitroepteken aan het einde, vervalt de zinseindepunt:

- Het Kamerlid riep: 'U bent knettergek!'
- De minister vroeg: 'Kunt u dat bewijzen?'

Als de zin zelf op een vraagteken of uitroepteken eindigt en een citaat daarbinnen op een punt, vervalt de punt van het citaat:

- Zei de minister: 'Dat moeten we nog onderzoeken'?
- Haha, hij zei: 'Ik weet het zelf ook niet'!

Een combinatie van een vraagteken en een uitroepteken is eventueel mogelijk als de hoofdzin een uitroep of een vraag is en het citaat eveneens:

- Haha, hij vroeg: 'Hoe laat begint het?'!
- Vroeg hij: 'Hoe laat begint het?'?
- Haha, hij riep: 'Ik krijg jullie nog wel!'!
- Riep hij: 'Ik krijg jullie nog wel!'?

Zulke zinnen maken een vrij onrustige indruk; het is beter ze te vermijden.

### 4.2.3 Bij beletseltekens

Voor een vraagteken of uitroepteken kan een beletselteken (drie puntjes; zie § 2.6) staan om te suggereren dat er iets is weggelaten of moet worden aangevuld, of ook om bijvoorbeeld iets meer spanning op te roepen. Er staat geen spatie tussen het beletselteken en het vraag- of uitroepteken.

- Zeventien plus zes is ...?

- Wie belde er? Het was toch zeker niet ...?
- Wat wil je eten: pannekoeken, spaghetti, patat ...?
- Hou onmiddellijk je grote ...!

## 4.2.4 Bij afkortingen

De punt van een afkorting aan het einde van de zin blijft staan als daarna een vraagteken of uitroepteken volgt (zie ook § 2.4.1):

- Zien we elkaar op 3 juni a.s.?
- Kom z.s.m.!
- Op het briefje stond: "Kom z.s.m.!"

## 4.3 Vraagteken of uitroepteken midden in de zin

Een vraagteken of uitroepteken kan tussen haakjes na een woord(groep) staan, bijvoorbeeld om twijfel of ironie uit te drukken of er anderszins de aandacht op te vestigen. Er hoeft geen spatie voor, maar het is duidelijker die wel te plaatsen. Voor het woord erná komt in elk geval wel een spatie.

- Mevrouw Hendrikx (?) heeft laten weten dat ze niet op tijd kon zijn.
- De kleuter at vijf gehaktballen (!) achter elkaar op.

# 5 Dubbele punten

## 5.1 Algemeen

Een dubbele punt gaat vooraf aan een opsomming, een aankondiging, een omschrijving, verklaring, toelichting of uitleg, een conclusie, of een citaat. Voor een dubbele punt komt geen spatie, erna wel.

- De raad van bestuur vergadert over drie kwesties: het bonusbeleid, de vakantieregeling en het pc-project.
- Ik las het net in de krant: morgen gaat het onweren.
- U had het misschien al verwacht: iedereen krijgt een bonus.
- De directeur belde dat ze te laat was: ze stond in de file.
- Hera kwam stralend binnen: ze had een auto gewonnen.
- De jubilaris riep: "Een rondje voor de hele zaak!"

In sommige zinnen staat voor de dubbele punt een oorzaak/verklaring en erna een gevolg/conclusie, in andere is het net andersom. In de eerste zin hieronder lees je de dubbele punt als 'kortom', in de tweede als 'dus':

- Het regent en de dagen worden korter: de herfst is begonnen.
- De herfst is begonnen: het regent en de dagen worden korter.

Voor een bijstelling (vergelijk § 3.6) aan het einde van een zin kan in plaats van een dubbele punt ook een komma worden gebruikt:

- We moeten ons verplaatsen in onze belangrijkste doelgroep: vrouwelijke hbo-studenten.
- We moeten ons verplaatsen in onze belangrijkste doelgroep, vrouwelijke hbo-studenten.

Als er informatie volgt die de vorm heeft van een hele zin of een wat grotere woordgroep, is het verzorgder om een dubbele punt te gebruiken.

Probeer te voorkomen dat er twee dubbele punten in één zin staan. Soms is daarvoor een (kleine) herschrijving nodig, zoals het toevoegen van *namelijk*:

- *[liever niet:]* De raad vergadert over drie kwesties: het bonusbeleid, de vakantieregeling en het nieuwste beleidsplan: het pc-project.
- *[beter:]* De raad vergadert over drie kwesties, namelijk het bonusbeleid, de vakantieregeling en het nieuwste beleidsplan: het pc-project.

## 5.2 Hoofdletter of niet na dubbele punt?

Het deel van de zin na de dubbele punt begint meestal met een kleine letter:

- Regen, hagel, vallende bladeren: de herfst is begonnen.
- Er was maar één verklaring: de trein was nooit aangekomen.
- Mijn advies is: koop een nieuwe auto.
- We moeten ons afvragen: hebben we bijtijds ingegrepen?

Er komt een hoofdletter na de dubbele punt als het eerste woord een naam is, als er een citaat volgt of als er een opsomming van hele zinnen volgt.

- Het was duidelijk: Frankrijk was kampioen geworden.
- De minister sprak desgevraagd: "Dat kan ik niet beloven."
- Dat werkt zo: Haal de warmtewisselaar uit de droger. Spoel hem van buiten en van binnen schoon. Laat de wisselaar opdrogen. Plaats hem terug en vergrendel de klep.
- We moeten onszelf de volgende vragen stellen: Hebben we bijtijds ingegrepen? Hebben we te goeder trouw gehandeld? Had dit voorkomen kunnen worden?

Bij een gefingeerd citaat zonder aanhalingstekens, zoals je dat vaak ziet in een krantenkop, is een hoofdletter na de dubbele punt goed te verdedigen:

- Minister Donner: Doorwerken tot 70 is nodig

Na een losse aanduiding als *Let op*, *Tip*, *Advies* en *Opmerking* – bijvoorbeeld als begin van een alinea die in zijn geheel de tip, opmerking e.d. vormt – komt een dubbele punt; daarna komt bij voorkeur een hoofdletter. Als de erop volgende tekst op een nieuwe regel begint, kan de dubbele punt ook achterwege blijven. Eventueel kan het woord dan gemarkeerd worden door het te cursiveren, vet te maken of een kleur te geven.

- Advies: Print niet elk mailtje uit. Dat is slecht voor het milieu. Bovendien verspil je dan geld aan papier.
- Advies:
  Print niet elk mailtje uit. Dat is slecht voor het milieu. Bovendien verspil je dan geld aan papier.
- **Advies**
  Print niet elk mailtje uit. Dat is slecht voor het milieu. Bovendien verspil je dan geld aan papier.

## 5.3 Dubbele punt na *namelijk*, *te weten*, *kortom*, *als volgt*, *volgende* e.d.

Na *namelijk* of *te weten* in een bijstelling (zie § 3.6) is geen dubbele punt nodig als er een kort tekstgedeelte volgt. Bij langere tekstgedeeltes, zeker als ze een opsomming bevatten, is de dubbele punt vaak wel goed bruikbaar:

- [niet:] Een van de bewoners was jarig, te weten: een 84-jarige man.
- [wel:] Een van de bewoners was jarig, te weten een 84-jarige man.
- [wel:] Er zijn bij het onderzoek drie wetenschappers betrokken, te weten: een Franse archeoloog, een Britse hoogleraar psychiatrie en een Nederlandse student van de Universiteit van Maastricht.

De dubbele punt in de onderste zin is niet verplicht; hij heeft vooral een verduidelijkende functie. Als *te weten* wordt weggelaten – wat in deze zin goed mogelijk is – hoort er in ieder geval wél een dubbele punt te staan.

Na *kortom* komt een dubbele punt als er een conclusie van het voorafgaande wordt gegeven, die vaak een bepaalde stelligheid uitdrukt. In veel gevallen volstaat een komma, die soms zelfs kan wegblijven (zie ook § 3.11.1):

- De bonussen van de raad van bestuur stijgen, de secretaresses lopen de kantjes ervan af en het overige personeel komt soms dagenlang niet op kantoor. Kortom: tijd voor een reorganisatie!
- Het is morgen mooi weer. Kortom, je kunt best op de fiets gaan.

Na *als volgt* of een formulering met *(de/het) volgende* komt een dubbele punt als er een kort tekstgedeelte volgt. Volgen er enkele zinnen die bij elkaar horen, dan komt er een punt en begint er een nieuwe zin.

- Je doet het als volgt: selecteren, kopiëren, plakken en printen.
- Je moet als volgt te werk gaan. Eerst selecteer je een stuk tekst, dat je kopieert. Vervolgens plak je het in een ander document. Daarna kun je het printen.
- Je moet de volgende stappen uitvoeren: kopiëren, plakken, printen.
- De politie vraagt uw aandacht voor het volgende. Op 26 mei is het lichaam aangetroffen van een tot nu toe onbekende man. Hebt u hier meer informatie over? Bel ons dan.

## 5.4 Dubbele punt of puntkomma?

De dubbele punt en de puntkomma liggen in het gebruik dicht bij elkaar; de keuze ertussen is niet altijd eenvoudig. Een vuistregel: een dubbele punt is juist als in het eerste deel van de zin *de/het volgende* of *als volgt* staat of kan worden toegevoegd, of in het tweede deel *namelijk* of *want*. In de zinnen hieronder zijn die woorden ter illustratie tussen vierkante haken toegevoegd:

- De raad van bestuur vergadert over [de volgende] drie kwesties: het bonusbeleid, de vakantieregeling en het pc-plan.
- Ik las [het volgende] net in de krant: morgen gaat het onweren.
- De directeur belde dat ze te laat was: ze stond [namelijk] in de file.
- De jubilaris riep [het volgende]: "Een rondje voor de hele zaak!"

> **Let op:**
> Als het woord *namelijk* daadwerkelijk in de zin staat (en het om een zin gaat die op zichzelf staat of kan staan), is een puntkomma beter dan een dubbele punt; *namelijk* geeft namelijk al aan dat het om een verklaring of toelichting gaat:
>
> - De directeur belde dat ze te laat was; ze stond namelijk in de file.
> - Hera kwam stralend binnen; ze had namelijk een auto gewonnen.

## 5.5 Citaten, gedachten, zinnen, thema's

### 5.5.1 Citaten

Als in een zin een citaat staat, komt er een dubbele punt als direct ervoor wordt gemeld van wie of waaruit het citaat afkomstig is:

- De minister zei: "Het gaat goed met de economie."
- Op het plakkaat stond: "Denk aan de gevallenen."
- Hij wees: "Daar heb ik gewoond."

Gedachten en gevoelens worden ook voorafgegaan door een dubbele punt, maar dan zonder aanhalingstekens en hoofdletter (zie verder § 9.2.4):

- Janneke dacht: ik wou dat vader erbij was.
- Ik had het gevoel: dit gaat hartstikke lekker.
- Hij wees: daar had hij gewoond.

Tussen een formulering als *de zin* of *de vraag* en de bijbehorende zin of vraag hoeft geen dubbele punt te komen, tenzij er een duidelijke pauze klinkt:

- Hij vroeg me of de zin 'Er mist een pagina' goed was.
- Hij vroeg me of de volgende zin goed was: 'Er mist een pagina.'
- Ze stelde me de vraag: 'Doe je mee?'
- Cora vond dat de vraag 'Doe je mee?' niet erg gepast was.
- Op de vraag 'Wanneer moet het af zijn?' heb ik geen antwoord.
- Ik weet geen antwoord op de vraag: 'Wanneer moet het af zijn?'

In het laatste voorbeeld is de dubbele punt niet noodzakelijk; hij staat er vooral voor de duidelijkheid. Als er geen aanhalingstekens worden gebruikt (zie § 9.2) is in dergelijke zinnen de dubbele punt wél nodig:

- Ik mis een antwoord op de vraag: wanneer moet het af zijn?

### 5.5.2 Briefonderwerp
Na aanduidingen als *Betreft*, *Onderwerp* en *Kenmerk* boven aan een brief komt een dubbele punt, gevolgd door een kleine letter (en zonder punt):

- Betreft: uw sollicitatie
- Onderwerp: wijziging contractvoorwaarden

### 5.5.3 Thema's, motto's en dergelijke
Voor een thema, motto, devies, enz. komt gewoonlijk een dubbele punt als er een woordgroep aan voorafgaat die (bijna) een volledige zin vormt:

- Het thema van de lezing is: leestekens door de eeuwen heen.
- Ons motto was lange tijd: 'Blik vooruit, dat is een wijs besluit.'

De dubbele punt blijft achterwege als het thema, motto en dergelijke één woordgroep vormt met het woord *thema*, *motto*, enz.:

- Het thema 'leestekens door de eeuwen heen' is nu wel uitgekauwd.
- Ons motto 'Blik vooruit, dat is een wijs besluit' staat onder ons logo.

Zie voor het gebruik van aanhalingstekens in dit soort gevallen § 9.2.5.

## 5.6 Opsommingen

### 5.6.1 Opsomming binnen een zin
Voor een opsomming komt een dubbele punt als er een pauze klinkt. Tussen de opgesomde woorden komt een komma, behalve voor *en* (zie § 3.9.1 voor uitzonderingen). Een puntkomma tussen de opgesomde delen is mogelijk als het anders onoverzichtelijk wordt, bij-

voorbeeld als de delen vrij lang zijn of zelf een komma of het woord
*en* bevatten. (Zie ook § 6.2.)

- Ze verkopen daar van alles: boeken, kranten, tijdschriften en kantoorbenodigdheden.
- Bekende taalorganisaties zijn onder meer: de Nederlandse Taalunie, die voor drie overheden het taalbeleid uitvoert; de Taaltelefoon, die in Vlaanderen taaladvies geeft; en het Genootschap Onze Taal, een Nederlandse vereniging van taalliefhebbers.
- Ik heb een paar nieuwe dvd's gekocht: *Truly, Madly, Deeply*; *The Good, the Bad and the Ugly*; *Bridges of Madison County* en *Up*.

Na het woord *zoals* of *bijvoorbeeld* hoeft geen dubbele punt, tenzij er een pauze klinkt, bijvoorbeeld als er een lange opsomming volgt:

- Ze verkopen daar van alles, zoals boeken en tijdschriften.
- Ze verkopen daar van alles, bijvoorbeeld: boeken van Kuifje en Asterix, tijdschriften over ruimtevaart en techniek, kranten uit de hele wereld en ook nog cd's.

### 5.6.2 Opsomming als verticaal geordend rijtje
Een opsomming waarvan de onderdelen onder elkaar staan, een 'verticale opsomming', wordt gewoonlijk ingeleid met een dubbele punt:

- Wij zetten de voordelen voor u op een rijtje:
  - De woning is gelegen op eigen grond.
  - Het dak is onlangs vernieuwd.
  - De tuin ligt op het zuidwesten.

- Bij een kinderfeestje moet je vooraf nadenken over deze vragen:
  - Hoeveel kinderen worden er verwacht?
  - Wat mag een en ander kosten?
  - Wat vinden de kinderen leuk om te doen?

In plaats van een dubbele punt kan ook een punt worden gebruikt als de inleidende zin de woorden *de/het volgende* of *als volgt* bevat én de opsomming uit hele zinnen bestaat:

- Het door u gekozen object heeft de volgende voordelen.
  - De woning is gelegen op eigen grond.
  - Het dak is onlangs vernieuwd.
  - De tuin ligt op het zuidwesten.

Een vraagteken is in sommige gevallen ook mogelijk:

- Aan welke eigenschap van het object hecht u de meeste waarde?
  - De woning is gelegen op eigen grond.
  - Het dak is onlangs vernieuwd.
  - De tuin ligt op het zuidwesten.

In opsommingen die uit hele zinnen bestaan, zoals hierboven, begint elk onderdeel met een hoofdletter en eindigt met een punt (of een vraagteken).

In een opsomming die uit losse woorden of delen van zinnen bestaat, begint elk onderdeel met een kleine letter en eindigt met een puntkomma. Alleen het laatste onderdeel van de opsomming krijgt een punt (of vraagteken):

- Bij het organiseren van een kinderfeestje is het nuttig om te weten:
  - hoeveel kinderen er komen;
  - wat een en ander mag kosten;
  - wat de kinderen leuk vinden.

- Aan welke eigenschap geeft u de voorkeur:
  - veel eigen grond;
  - een gerenoveerd dak;
  - een ruime tuin?

Als de onderdelen uit één woord of een klein groepje woorden bestaan, kunnen de leestekens aan het eind ervan ook helemaal weggelaten worden (zie ook § 6.2.2):

- De volgende verzekeringen zijn onmisbaar:
  - ziektekostenverzekering
  - inboedel- en opstalverzekering
  - aansprakelijkheidsverzekering

> **Let op:**
> Opsommingen waarvan sommige onderdelen hele zinnen zijn en andere onderdelen delen van zinnen, worden bij voorkeur vermeden. Ze zien er meestal niet fraai uit (of je ze nu met punten of puntkomma's of een combinatie weergeeft) en kunnen onverzorgd of onvolledig overkomen. Als het echt niet anders kan, kies dan de vormgeving die bij de meeste opgesomde punten aansluit.

Er zijn ook 'formulier-achtige' opsommingen, zoals deze:

- Telefoon: 070 - 356 12 20
  Fax: 070 - 392 49 08
  E-mail: info@onzetaal.nl
  Website: www.onzetaal.nl

Vooral op visitekaartjes en onder aan e-mailberichten worden zulke gegevens ook vaak verkort weergegeven, met een speciale vormgeving; de dubbele punten blijven dan achterwege:

- **T**　070 - 356 12 20
  **F**　070 - 392 49 08
  **E**　info@onzetaal.nl
  **W**　www.onzetaal.nl

## 5.7 Andere gebruiksmogelijkheden

### 5.7.1 Rekenkundige aanduidingen

Een dubbele punt kan als rekenkundige aanduiding gebruikt worden: hij fungeert dan als gedeeld-door-teken of drukt een verhouding of schaal uit. Voor en na de dubbele punt komt in deze gevallen een spatie.

- 28 : 7 = 4
- De verhouding tussen mannen en vrouwen is ongeveer 3 : 1.
- Deze kaart is getekend op een schaal van 1 : 10.000.

Bij de notatie van kloktijden komt er een punt tussen uur en minuut – al wordt op wekkerradio's, computers en andere elektronische apparatuur wel vaak een dubbele punt gebruikt. Tussen minuut en seconde kan wel een dubbele punt komen (zonder spaties):

- De vergadering begint om 9.30 uur.
- Het vuurwerk begon om 23.59:58, dus twee seconden te vroeg.

In wetenschappelijke teksten is een dubbele punt ook tussen uur en minuut gangbaar: *23:59:58*. Bij sporttijden worden vaak andere notaties gebruikt: *een tijd van 6.05,76 rijden* (6 minuten, 5 seconden en 76 honderdste); zie ook § 2.5.1.

### 5.7.2 Bijbelpassages

Er komt ook een dubbele punt bij verwijzing naar bijbelpassages, namelijk tussen het hoofdstuknummer en het nummer van het vers. Als er een reeks verzen wordt bedoeld, komt tussen het begin- en het eindnummer een streepje. Er komt geen spatie voor of na de dubbele punt en het streepje:

- Lezen wij Genesis 1:3. *[Genesis, boek 1, vers 3]*
- Lezen wij Genesis 1:3-5. *[Genesis, boek 1, vers 3 tot en met 5]*
- Het droge noemde hij aarde, het samengestroomde water noemde hij zee (Gen. 1:10).

Bij verwijzingen naar teksten uit de Koran kan hetzelfde systeem worden gebruikt (*soera 5:18*), al is het gebruikelijker om de naam van het hoofdstuk te noemen en niet het nummer (*soera De Tafel 18*).

# 6 Puntkomma's

## 6.1 Inleiding

### 6.1.1 Algemeen

Een puntkomma houdt het midden tussen een punt en een komma. Net als de punt sluit de puntkomma een mededeling af, maar tegelijkertijd maakt hij duidelijk dat er een nauwe band is met de volgende mededeling. Een punt tussen de mededelingen kan ook, maar dan staan deze losser van elkaar; een punt kan een te sterke scheiding aangeven. Een komma is vaak te 'zwak'.

- Neem maar een borrel; je hebt het verdiend.
- De directeur gaf toelichting bij de nieuwe maatregelen; het personeel kon vragen stellen.
- Ik ga nu naar huis om het eten klaar te maken en onkruid te wieden in de moestuin; daarna kan ik nog even naar de film.
- Als er in een woord een tussen-s te horen is, schrijven we die bij voorkeur ook; horen we hem niet, dan schrijven we hem niet.

Het is niet altijd eenvoudig de juiste keuze te maken tussen een komma, een punt en een puntkomma. In veel gevallen is het verschil te horen: voor een komma gaat de zinsmelodie een beetje omhoog, voor een punt en – in mindere mate – voor een puntkomma gaat ze juist omlaag.

Een komma geeft bovendien een kortere rust aan dan een puntkomma. Als het goed is, is er een subtiel verschil in intonatie tussen deze twee zinnen:

- In licht ontstaan symmetrie en orde; in duisternis ontstaan wanorde en asymmetrie.
- In licht ontstaan symmetrie en orde, in duisternis ontstaan wanorde en asymmetrie.

De tweede zin heeft veel meer één doorlopende intonatie (met een korte pauze in het midden); bij de eerste zin liggen twee opeenvolgende intonaties voor de hand, met een iets explicietere scheiding in het midden.

### 6.1.2 Komma's in plaats van puntkomma's
In verhalende teksten wordt wat vrijer omgegaan met komma's en puntkomma's. Als zinnen nauw in verband met elkaar staan, worden punten en puntkomma's vaak vermeden: die kunnen de 'vaart' uit het verhaal halen. Zie verder § 3.2.2.

## 6.2 Opsommingen

### 6.2.1 'Horizontale opsomming'
In opsommingen binnen een gewone zin ('horizontale opsommingen') worden in principe komma's tussen de onderdelen gebruikt. In sommige gevallen zijn puntkomma's mogelijk, namelijk als de onderdelen aan de lange kant zijn (of de opsomming zelf), of als (enkele van) de onderdelen zelf al een komma bevatten. Een voorbeeld:

- Bekende taalorganisaties zijn onder meer: de Nederlandse Taalunie, die voor drie overheden het taalbeleid uitvoert; de Taaltelefoon, die in Vlaanderen taaladvies geeft; en het Genootschap Onze Taal, een Nederlandse vereniging van taalliefhebbers.

### 6.2.2 'Verticale opsomming'
Bij opsommingen waarvan elk deel op een nieuwe regel begint – 'verticale opsommingen' – worden ook vaak puntkomma's gebruikt. Dat is het geval als de onderdelen van de opsomming geen hele zinnen zijn maar losse woorden of delen van zinnen. Alleen het laatste onderdeel van de opsomming krijgt dan een punt (zie ook § 5.6.2). Elk onderdeel begint met een kleine letter:

- Bij het organiseren van een kinderfeestje is het nuttig om te weten:
  - hoeveel kinderen er komen;
  - wat een en ander mag kosten;
  - wat de kinderen leuk vinden.

Als de delen van een opsomming uit één enkel woord of een klein groepje woorden bestaan, kunnen de leestekens ook helemaal weggelaten worden:

- De volgende verzekeringen zijn onmisbaar:
  - ziektekostenverzekering
  - inboedel- en opstalverzekering
  - aansprakelijkheidsverzekering

Vooral in teksten voor het beeldscherm worden de puntkomma's – ook bij opsommingen die uit wat langere delen bestaan – veelal weggelaten. Daar is niets op tegen; het is vooral een esthetische kwestie.

Bestaat de opsomming uit hele zinnen, dan begint elk onderdeel met een hoofdletter en eindigt met een punt (of een vraagteken). Zie verder § 5.6.2.

# 7 Haakjes

## 7.1 Ronde haakjes

### 7.1.1 Algemene regels voor haakjes
Met ronde haakjes kun je extra informatie aan een zin toevoegen. Het kan dan gaan om een toelichting, verduidelijking of aanvulling (zie § 7.1.2), maar ook om een terzijde of om een keuzemogelijkheid (zie § 7.1.3).

Iets wat tussen haakjes staat, moet in principe kunnen worden weggelaten zonder dat de zin onjuist wordt. Maar ook moet de zin correct zijn als juist de haakjes zélf worden weggelaten (en niet dat wat ertussen staat). Zie verder § 7.3.

### 7.1.2 Haakjes bij een toelichting of aanvulling
Haakjes staan vaak rondom een tekstgedeelte dat de lezer extra informatie biedt; het staat er vaak voor de volledigheid of als geheugensteuntje. Deze informatie is in principe weglaatbaar zonder dat de zin onduidelijk wordt.

- Ik ben geboren in Zonnemaire (Zeeland).
- David Bowie (echte naam: David Jones) is nog altijd populair.
- U wordt aanstaande donderdag (15 januari) verwacht.

Het gedeelte tussen haakjes is niet altijd zonder meer weglaatbaar. In de zin hieronder heeft het een verduidelijkende functie: het duidt aan om wélke plaats Bergen het gaat (niet in Limburg of in België, maar in Noord-Holland):

- Ik ben geboren in Bergen (Noord-Holland).

Haakjes worden ook gebruikt om bijvoorbeeld een afkorting te verklaren of een alternatieve aanduiding te introduceren:

- Het INL (Instituut voor Nederlandse Lexicologie) inventariseert alle woorden die in het Nederlands voorkomen.

- Het Instituut voor Nederlandse Lexicologie (INL) inventariseert alle woorden die in het Nederlands voorkomen.
- Het secretariaat van de vereniging Genootschap Onze Taal (kortweg: Onze Taal) bevindt zich in Den Haag.
- De auteur van deze bijdragen (hierna te noemen "Auteur") verplicht zich tot vermelding in het colofon.

Ook bij verwijzingen kunnen haakjes nuttig zijn, bijvoorbeeld bij verwijzing naar een pagina-, hoofdstuk- of tabelnummer, of naar literatuur:

- In *Onze Taal* van januari 2008 (pagina 41) staat een leuke rubriek.
- We komen hierop terug in het hoofdstuk over beleggen (§ 3.4).
- Dit is goed te zien in de tabel met inkomensgegevens (tabel 4.5).
- Inmiddels is bewezen dat deze theorie niet werkt (Visser, 2007).

### 7.1.3 Haakjes bij een alternatief

Haakjes kunnen een toevoeging geven die als 'of' gelezen kan worden, een alternatief; soms staat het woord *of* erbij:

- We zoeken een nieuwe medewerk(st)er voor onze receptie.
- U wordt verzocht contact op te nemen met de leraar (of lerares).

### 7.1.4 Nadelen van haakjes

Haakjes onderbreken de tekst even en kunnen storend zijn voor de lezer als ze veelvuldig worden gebruikt. Bovendien zijn er lezers die een tekst tussen haakjes automatisch overslaan. Vaak zijn er alternatieven mogelijk, zoals komma's (zie ook § 3.7.1) of gedachtestreepjes (zie ook § 8.1.2):

- Het vorige overleg (dat in Den Haag plaatsvond) is goed verlopen.
- Het vorige overleg – dat in Den Haag plaatsvond – is goed verlopen.
- Het vorige overleg, dat in Den Haag plaatsvond, is goed verlopen.

De haakjes maken de mededeling dat het overleg in Den Haag plaatsvond tamelijk onbelangrijk; het is een terzijde. Met streepjes krijgt die informatie meer nadruk. Tussen komma's is het gewoon een (kleine) extra mededeling.

Soms is niet duidelijk of het deel tussen haakjes wel of niet belangrijk is:

- Donners idee strookt niet met XYZ's (juridisch waterdichte) regels.
- Bureau Companycatie: expertise omtrent (bedrijfs)journalistiek.

Strookt Donners idee met XYZ's regels, die allemaal juridisch waterdicht zijn; of strookt het enkel met de waterdichte regels en niet per se met alle regels? Biedt Companycatie expertise op het gebied van journalistiek, en dan in het bijzonder bedrijfsjournalistiek; of heeft het op beide gebieden expertise? De context biedt niet altijd voldoende aanwijzingen voor de juiste interpretatie.

> **Extra**
>
> In theorie is het mogelijk om binnen een tekst tussen haakjes nog weer een gedeelte tussen haakjes te zetten. Let erop dat het wel leesbaar blijft.
>
> - Heb je de ((voor)gedrukte) formulieren al ontvangen?
> - De overname is praktisch geregeld. (Let wel: de contracten worden morgen (21 april) getekend.)

### 7.1.5 Overige toepassingen

Ronde haakjes worden ook wel gebruikt in de volgende toepassingen:

- voor en na het netnummer in telefoonnummers: *(070) 356 12 20*; een streepje is gebruikelijker, omdat dat beter aansluit bij andere (bijvoorbeeld mobiele) nummers: *070 - 356 12 20* (zie § 8.5.2);
- rondom drie puntjes om aan te geven dat een deel van een citaat is weggelaten (zie § 2.6.3);
- rond een vraagteken of uitroepteken midden in een zin (zie § 4.3);
- (alleen het haakje sluiten:) na een cijfer in een voetnootverwijzing of in een opsomming; dit gebruik is echter tamelijk verouderd – meestal wordt er een punt gebruikt, of helemaal geen leesteken.

## 7.2 Vierkante haken (teksthaken)

### 7.2.1 Redactionele toevoegingen

In de praktijk worden vierkante haken, ook wel *teksthaken* genoemd, niet veel gebruikt. Ze komen vrijwel alleen nog voor binnen citaten, om redactioneel commentaar weer te geven: een aanvulling of opmerking van degene die citeert, bijvoorbeeld de auteur of de redacteur van de tekst waarin het citaat staat. Enkele voorbeelden:

- De minister liet weten "geen enkele reden *[te zien]* om aan de uitkomst van het onderzoek te twijfelen".
- In het spellingboek stond: "Er zijn maar enkele spellingregels verandert *[sic!]* in 2005."
- De richtlijn schrijft voor dat "de bepaling *voldoende nauwkeurig [cursivering van de auteur]* omschreven dient te zijn".
- In de *Algemene Nederlandse Spraakkunst* staat: "Zo'n bijwoord is intonatief [wat de intonatie betreft – *red.*] van de rest van de zin gescheiden door een korte pauze."
- Dit jaar wil het bedrijf *[= Philips]* nog zuiniger produceren.
- Johan Elsensohn schreef: "Dat binne senuwesinkinge fan de alterasie *[= schrik, RK]*."

Een redactionele opmerking kan worden afgesloten met een afkorting als *red.* ('redactie') of *n.v.d.r.* ('noot van de redactie'), vaak gecursiveerd, of met de initialen van de auteur. Vóór de afkorting of initialen staat bij voorkeur een gedachtestreepje, maar ook een komma of puntkomma is mogelijk.

Is een deel van een citaat weggelaten, dan wordt dat weergegeven met drie puntjes (het beletselteken) tussen haakjes: in 'gewone' teksten zijn ronde haakjes het gebruikelijkst, maar in verschillende vakpublicaties worden vierkante haken aangeraden of voorgeschreven. Zie verder § 2.6.3.

### 7.2.2 Overige toepassingen

Enkele andere gevallen waarin vierkante haken (kunnen) worden gebruikt:

- (vooral in de taalkunde:) het weergeven van de uitspraak: *Het woord 'sceptisch' wordt bij voorkeur uitgesproken als [skepties].*
- (in mailprogramma's:) rond het e-mailadres als toevoeging achter de naam van de verzender: *Frits de Meler [frits@demeler.nl]*; hiervoor worden ook vaak 'driehoekige' haakjes oftewel punthaakjes gebruikt: *Frits de Meler <frits@demeler.nl>.*
- het weergeven van toetscombinaties: *Gebruik [Ctrl + Page Down] om naar de volgende zoektreffer te gaan.*

## 7.3 Waar komen de haakjes?

### 7.3.1 Algemeen

Het belangrijkste criterium voor het juist plaatsen van haakjes is dat de tekst ertussen moet kunnen worden weggelaten zonder dat de zin onjuist wordt. De tweede zin hieronder voldoet daaraan, de eerste niet:

- *[fout:]* Swentibold schrijft een weblog over de (groei van) zijn zoon.
- *[goed:]* Swentibold schrijft een weblog over (de groei van) zijn zoon.

In het geval hieronder is de bovenste zin niet correct, omdat er bij weglating van de haakjes *in deze veelal plattelandsgemeenten* zou staan, en dat is grammaticaal niet juist:

- *[fout:]* De economie is in deze (veelal plattelands)gemeenten sterk op de vrije markt georiënteerd.
- *[goed:]* De economie is in deze gemeenten (veelal plattelandsgemeenten) sterk op de vrije markt georiënteerd.

In de twee zinnen hieronder levert weglating van het gedeelte tussen haakjes dezelfde zin op. Toch is de tweede variant beter, omdat het eerste woord *een* bij *vermoeden* hoort en daar beter één geheel mee kan blijven vormen:

- *[liever niet:]* De politie grijpt in bij een (vermoeden van een) misdrijf.
- *[beter:]* De politie grijpt in bij (een vermoeden van) een misdrijf.

> **Extra**
>
> De 'regel' dat iets wat tussen haakjes staat moet kunnen worden weggelaten zonder dat de zin onjuist wordt, kent twee uitzonderingen.
>
> 1. Als de haakjes helemaal aan het begin van een zin staan, komt de beginhoofdletter binnen de haakjes en niet erbuiten:
>
> - (Groot)ouders helpen vaak op school.
> - (Gemeentelijke) ambtenaren mengen zich in het debat.
>
> 2. Als een woord wordt afgebroken op de plaats waar een haakje openen staat, komt het afbreekteken bij voorkeur aan het einde van de ene regel en het haakje op de volgende. Zie § 8.4.4.

Na een haakje openen komt geen spatie, voor een haakje sluiten ook niet.

Staat er een deel van een woord tussen haakjes, dan komen er geen extra streepjes of spaties. In bijvoorbeeld *plattelandsgemeenten* of *bromfietsen* zit geen streepje; dat komt er dan ook niet als een deel tussen haakjes wordt gezet:

- De inwoners van deze (plattelands)gemeenten zijn niet rijk.
- Verboden (brom)fietsen te plaatsen.
- *[fout:]* De inwoners van deze (plattelands)-gemeenten zijn niet rijk.
- *[liever niet:]* Verboden (brom-)fietsen te plaatsen.

Streepjes, apostrofs of trema's die deel uitmaken van het woorddeel tussen haakjes, blijven staan (en staan dan binnen de haakjes):

- Dankzij haar (AOW-)uitkering kan ze toch nog op vakantie.
- De door u bestelde (auto-)onderdelen worden morgen geleverd.
- Mijn ouders en ik houden erg van (West- en Zuid-)Frankrijk.
- Mijn ouders en ik houden erg van (West- en) Zuid-Frankrijk.
- Er is ruimte voor nieuwe (kennis- en) onderwijsinstellingen.
- U kunt uw nota('s) ook per e-mail indienen.
- Wij verzoeken u om de relevante kopie(ën) mee te brengen.

Zinnen waarin tussen haakjes een afkorting wordt toegelicht die tegelijk deel uitmaakt van een samenstelling, zijn complex. Van de volgende twee mogelijkheden verdient de tweede de voorkeur:

- Alle NS (Nederlandse Spoorwegen)-medewerkers zijn in staking.
- Alle NS-medewerkers (Nederlandse Spoorwegen) zijn in staking.

Soms maakt de zins- of woordopbouw het gebruik van haakjes onmogelijk. Een paar voorbeelden daarvan:
- *Ik hou niet van rodepaprika(gerechten)* is niet juist, omdat *rodepaprikagerechten* één woord is en *rode paprika* twee. Ook *Ik hou niet van rode paprika(gerechten)* is onjuist, om dezelfde reden.
- *Neem uw startbewijs(en) mee* is niet juist, omdat de meervoudsvorm een *z* bevat. Ook *Neem uw startbewijs(zen)* is onmogelijk. Een betere oplossing is bijvoorbeeld *Neem uw startbewijs/-bewijzen mee.*
- *Ik geloof in (re)ïncarnatie* is niet juist, omdat *incarnatie* dan met een trema begint; *Ik geloof in (re)incarnatie* is welbeschouwd ook niet juist, omdat het trema van *reïncarnatie* dan ontbreekt.

Probeer gevallen te vermijden als *gedrag(swijziging)* en *veiligheid(sbeleid).* Ze zijn theoretisch wel mogelijk, maar zien er door die tussen-*s* niet fraai uit.

### 7.3.2 Haakjes in combinatie met een zinseindeteken

Als aan het einde van een zin een toevoeging tussen haakjes wordt gezet, komt daarna nog een leesteken dat de zin afsluit. Bijvoorbeeld:

- Hoe plan ik een beleidsnotitie (aanpak, alleen of samen, deadline)?
- Ik heb diverse hobby's (tuinieren, fotograferen, sporten).
- Maartje had beter thuis kunnen blijven (dat zag ze later zelf ook in).

Als de toevoeging tussen haakjes eindigt op een afkorting met een punt, dan blijft die punt ook voor het haakje sluiten staan:

- Hoe plan ik een notitie (aanpak, planning, etc.)?
- Ze houdt van knutselen met rommel (lege dozen, wc-rolletjes e.d.).

Voor het haakje sluiten kan ook een uitroepteken of vraagteken staan als dat bij het gedeelte tussen haakjes hoort, zowel midden in als achter aan de zin:

- Het is belangrijk om steeds beter te worden (ja, dat kan!).
- Met een scootmobiel (schrijf je dat zo?) kom je nog eens ergens.

Staat een hele zin tussen haakjes, dan begint die zin met een hoofdletter en komt het leesteken dat die zin afsluit binnen de haakjes. Na het haakje sluiten staat dan geen ander zinseindeteken; als de tekst verdergaat, volgt na een spatie gewoon de nieuwe zin.

- Veel mensen vinden het belangrijk om hun huis schoon te houden. (Ik zie mezelf als een belangrijke uitzondering op dat gebied.)

**Let op:**
Sommige spellingcontroleprogramma's geven een foutmelding als er na een haakje een punt volgt. Dat is dus niet altijd terecht.

### 7.3.3 Haakjes bij bronvermelding

Bij een bronvermelding die tussen haakjes aan het einde van een zin staat, komt de zinseindepunt na het haakje sluiten. Voor de bronvermelding komt dan geen punt, tenzij daar een afkorting met een punt staat; er kan wel een uitroepteken, vraagteken of beletselteken staan dat bij het citaat hoort.

- Minister Bos zei dat het wel goed zou komen (*Trouw*, 15 mei 2009). Daar moeten we dus maar van uitgaan.
- "De leesvaardigheid is slecht ontwikkeld" (Jansen 1990). We kunnen dus concluderen dat er nog veel te doen is.
- Het begon volgens Knevel in 2000 v.Chr. (*Trouw*, 15 mei 2009).
- "Het begon in 2000 v.Chr." (*Trouw*, 15 mei 2009).
- "Waar moet het naartoe met dit land?" (*Trouw*, 15 mei 2009).
- "We moeten afwachten ..." (*Trouw*, 15 mei 2009). Het zij zo.

- "Het zal volgens Bos allemaal wel in orde komen. We moeten alleen geen overhaaste beslissingen nemen" (*Trouw*, 15 mei 2009). Daar zullen we het dus maar mee moeten doen.

Bij lange citaten is het ook mogelijk de bronvermelding als 'aparte zin' met een punt erachter tussen haakjes te zetten; aan het einde van het citaat staat dan het leesteken dat die zin afsluit (direct voor de aanhalingstekens sluiten).

- "Het zal volgens Bos allemaal wel in orde komen. We moeten alleen geen overhaaste beslissingen nemen." (*Trouw*, 15 mei 2009.) Daar zullen we het dus maar mee moeten doen.

In beide gevallen is zowel het citaat als de bronvermelding afgesloten met een punt; daarna volgt de nieuwe zin. In het volgende voorbeeld hangt de bronvermelding er los bij:

- *[liever niet:]* "Het zal volgens Bos allemaal wel in orde komen. We moeten alleen geen overhaaste beslissingen nemen." (*Trouw*, 15 mei 2009) Daar zullen we het dus maar mee moeten doen.

Afhankelijk van de vormgeving kan een citaat ook als aparte alinea worden weergegeven, met de bron tussen haakjes op een nieuwe regel daaronder:

- Graag wijs ik op de volgende passage uit de krant:
  "Het komt volgens Bos allemaal goed. We moeten alleen geen overhaaste beslissingen nemen. Dat is voor niemand gunstig."
  (*Trouw*, 15 mei 2009)

Meer informatie over citaten is te vinden in § 9.2.2.

# 8 Streepjes in soorten en maten

## 8.1 Gedachtestreepje: 'lang' streepje

### 8.1.1 Vormgeving

Gedachtestreepjes zijn bij voorkeur langer dan het 'gewone' streepje dat op het toetsenbord zit. In verschillende computerprogramma's levert de combinatie van de Ctrl-toets en de min-toets van het numerieke gedeelte van het toetsenbord het zogenoemde 'halve kastlijntje' op: dat is het meestgebruikte gedachtestreepje.

Voor én na het gedachtestreepje komt een spatie.

> **Let op:**
> Het gebruik van twee korte streepjes naast elkaar als alternatief voor het gedachtestreepje -- op deze manier -- wordt afgeraden.

### 8.1.2 Functies en alternatieven

Gedachtestreepjes worden gebruikt om een (terloopse of relevante) opmerking of aanvulling binnen een zin te markeren, of om een nieuwe, onverwachte zinswending te markeren:

- Op dat moment kwam er een oude man – ene Casimir – op me af.
- Mijn man en ik – we zijn nu twee jaar getrouwd – verhuizen over een jaar naar Duitsland, samen met ons zoontje.
- Ik zwem graag in zee – behalve als het vriest.
- Iedereen kan op zondag winkelen – maar het hoeft natuurlijk niet.

In plaats van gedachtestreepjes zijn vaak ook komma's mogelijk. Die zijn minder nadrukkelijk; ze zetten de informatie wat minder 'apart'. Ze zijn minder gewenst als het gedeelte ertussen een hele zin kan zijn:

- Op dat moment kwam er een oude man, ene Casimir, op me af.
- Ik zwem graag in zee, behalve als het vriest.
- [minder fraai:] Mijn man en ik, we zijn nu twee jaar getrouwd, verhuizen over een jaar naar Duitsland, samen met ons zoontje.

Ook haakjes zijn soms mogelijk, maar die maken de tekst nog wat terloopser:

- Mijn man en ik (we zijn nu twee jaar getrouwd) verhuizen over een jaar naar Duitsland.
- Iedereen kan op zondag winkelen (maar het hoeft natuurlijk niet).

Enkele bijzondere gevallen waarin gedachtestreepjes nuttig kunnen zijn:

- Wil je me laten weten of – en zo ja hoe laat – je komt?
- Bel ons voor informatie of – beter nog – maak direct een afspraak.

Komma's (zie § 3.16) zijn hier ook wel mogelijk, maar niet per se duidelijker:

- Wil je me laten weten of, en zo ja hoe laat, je komt?
- Bel ons voor informatie of, beter nog, maak direct een afspraak.

Soms kan ook een beletselteken (drie puntjes; zie § 2.6.1) een alternatief zijn:

- Werken vind ik leuk – voor anderen.
- Werken vind ik leuk ... voor anderen.

### 8.1.3 Combinatie met andere leestekens

Na het laatste woord van een zin – dus voor een punt, uitroepteken of vraagteken – komt nooit een gedachtestreepje:

- Dit rapport is van een hoogleraar psychiatrie, een jonge studente en een archeoloog – gepromoveerd aan Harvard.

Het gedachtestreepje wordt gewoonlijk niet met andere leestekens gecombineerd, maar soms kan het nuttig zijn om een komma na het tweede gedachtestreepje te zetten (er komt dan geen spatie na dat streepje):

- Dit rapport is van een archeoloog – gepromoveerd aan Harvard –, een hoogleraar psychiatrie en een jonge studente.

Er staat namelijk ook een komma in deze zin als het gedeelte tussen streepjes wordt weggelaten: *Dit rapport is van een archeoloog, een hoogleraar psychiatrie en een jonge studente.*

### 8.1.4 Opsommingen

Streepjes worden ook gebruikt in opsommingen waarvan de onderdelen onder elkaar staan (zie voor opsommingen verder § 5.6.2). Of er korte of lange streepjes worden gebruikt, is vooral een kwestie van vormgeving:

- Bij het organiseren van een kinderfeestje is het nuttig om te weten:
  - hoeveel kinderen er komen;
  - wat een en ander mag kosten;
  - wat de kinderen leuk vinden.

- Bij het organiseren van een kinderfeestje is het nuttig om te weten:
  – hoeveel kinderen er komen;
  – wat een en ander mag kosten;
  – wat de kinderen leuk vinden.

Alternatieven hiervoor zijn 'bolletjes' – vaak *bullets* genoemd – en cijfers.

- Bij het organiseren van een kinderfeestje is het nuttig om te weten:
  • hoeveel kinderen er komen;
  • wat een en ander mag kosten;
  • wat de kinderen leuk vinden.

- Bij het organiseren van een kinderfeestje is het nuttig om te weten:
  1. hoeveel kinderen er komen;
  2. wat een en ander mag kosten;
  3. wat de kinderen leuk vinden.

Zo'n genummerde opsomming is overigens vooral handig als de volgorde van belang is; in het geval van een kinderfeestje is de volgorde niet zo relevant.

## 8.2 Koppelteken: 'kort' streepje

Het korte streepje is doorgaans naast het cijfer nul op het toetsenbord te vinden. Het heeft veel verschillende functies (zie hieronder). In dit hoofdstuk wordt specifiek ingegaan op het gebruik als weglatingsteken, zoals in *op- en afrit* (zie § 8.3), en als afbreekteken aan het eind van de regel (zie § 8.4).

Het streepje – vaak verbindingsstreepje of koppelteken genoemd – wordt onder meer in de volgende gevallen gebruikt:

- in samengestelde woorden waarin klinkerbotsing optreedt: *auto-olie*;
- in samenstellingen met een afkorting van het type *dvd* (zie § 2.4.2) of een afkorting in hoofdletters: *dvd-speler*, *NIZO-medewerker*;
- in de meeste samenstellingen met een woordgroep: *doe-het-zelfzaak*, *ad-hocbeleid*, *1-aprilgrap*[1];
- om gelijkwaardigheid of een bijzondere bepaling uit te drukken: *zwart-wit(foto)*, *Frans-Duitse samenwerking*, *kandidaat-notaris*;
- na een aantal voorvoegsels: *non-verbaal*, *Sint-Nicolaas*;
- als verbindingsstreepje in eigennamen: *Marie-Louise Visser-de Vries*;
- voor het woord *ie*: *heeft-ie*, *dat-ie*;
- in de betekenis 'tegen': *de wedstrijd Ajax-PSV*, *de uitslag 2-0*;
- in de betekenis 'van ... naar' of 'tussen ... en': *de spoorlijn Brussel-Luik*, *de veerboot Calais-Dover*, *de driehoek Tilburg-Breda-Waalwijk*;
- in aanduidingen van kabinetten, commissies e.d. die naar een persoon zijn genoemd: *kabinet-Lubbers*, *commissie-Van Traa*.

In al deze gevallen komt er geen spatie voor of na het streepje.

Deze opsomming is niet volledig; er zijn bovendien uitzonderingen. De meeste kwesties vallen onder de spellingregels; zie bijvoorbeeld het boek *Spelling geregeld* (uit dezelfde serie als dit boek).

---

[1] Let op: in de officiële spelling is *1 aprilgrap* juist. De schrijfwijze met een streepje wordt in de witte spelling aanbevolen.

## 8.3 Weglatingsstreepje: 'kort' streepje

Combinaties als *landbouw en tuinbouw* kunnen worden verkort tot *land- en tuinbouw*. Zo'n verkorte weergave heet een samentrekking. Hierin wordt een streepje gebruikt om aan te geven dat een deel van het woord is weggelaten; daarom heet het een weglatingsteken of weglatingsstreepje.

Het weglatingsstreepje wordt gebruikt bij weglating van een deel van een woord. Het kan zowel aan het begin als aan het einde van een woord staan:

- Mijn buurvrouw doet helaas veel zang- en spraakoefeningen.
- Wij verkopen geen dames- maar herenkleding.
- Er waren veel ballenjongens en -meisjes bij de tenniswedstrijd.

> **Let op:**
> Sommige tekstverwerkingsprogramma's veranderen een streepje na een spatie automatisch in een breed (gedachte)streepje. Dat kan tot gevolg hebben dat er bijvoorbeeld *ballenjongens en –meisjes* staat in plaats van *ballenjongens en -meisjes*. Probeer hierop te letten bij het typen; schakel de optie eventueel uit. (Zie § 8.1.1 voor het maken van een gedachtestreepje.)

Als een woorddeel zelf al op een streepje eindigt of ermee begint, komt er geen extra weglatingsstreepje (de twee streepjes vallen als het ware samen): *Noord- en Zuid-Holland*; *mbo- of hbo-niveau*; *live-cd's en -dvd's*. Zie voor het afbreken van woorden met een streepje § 8.4.3.

> **Let op:**
> Er zijn woorden die hetzelfde klinken als een samentrekking maar het niet zijn, zoals *kat-en-muisspel*, *peper-en-zoutstel* en *kip-of-eivraag*. Het gaat hier niet om samentrekkingen van *katspel en muisspel*, *kipvraag of eivraag*, enz. Dit zijn samenstellingen waarvan het eerste deel een woordgroep is (*kat en muis*, *kip of ei*, etc.). Tussen de delen van een woordgroep komen in een samenstelling streepjes, geen spaties.

Bij woordgróépen wordt geen weglatingsstreepje gebruikt, omdat er niet een deel van een woord is weggelaten maar een volledig woord: *analytisch en creatief denkvermogen, Eerste en Tweede Wereldoorlog*.

Bij het samentrekken van een samenstelling (zoals *personeelsbeleid*) en een woordgroep (zoals *financieel beleid*) zijn er twee mogelijkheden:

- *financieel en personeelsbeleid*: zonder streepje, omdat na *financieel* niet een deel van een woord is weggelaten, maar het hele woord *beleid* (ook al wordt *personeelsbeleid* wél aaneengeschreven);
- *personeels- en financieel beleid*: mét een streepje, omdat nu een deel van de samenstelling *personeelsbeleid* is weggelaten; er komt dan op de plaats van dat weggelaten woorddeel een streepje.

Meer hierover is te vinden in het boek *Spelling geregeld*.

> **Extra**
>
> Soms wordt er een getal samengetrokken: *vijftien- tot twintigduizend jaar*. Als de getallen in cijfers worden geschreven, is zo'n samentrekking niet goed te noteren: zowel *15- tot 20.000 jaar* als *15 tot 20.000 jaar* ziet er ongemakkelijk uit. Er is een lichte voorkeur voor *15 tot 20.000 jaar*. Een iets betere oplossing is in dit geval *15 tot 20 duizend jaar*. Nog beter is het over het algemeen om het gewoon niet samen te trekken: *15.000 tot 20.000 jaar*.

## 8.4 Afbreekteken: 'kort' streepje

### 8.4.1 Algemeen

Het afbreken van woorden aan het einde van de regel gebeurt ook met een kort streepje. Hoewel er computer- en vormgevingsprogramma's zijn die een (technisch) onderscheid maken tussen bijvoorbeeld het koppelteken en het afbreekteken, wordt er in de praktijk hetzelfde teken voor gebruikt.

Probeer te voorkomen dat er te veel afbrekingen onder elkaar staan: dat kan storend zijn voor lezers. Probeer ook te voorkomen dat aan het einde van een pagina of een kolom een afgebroken woord staat.

### 8.4.2 Regels voor afbreken

In het algemeen geldt dat een woord kan worden afgebroken tussen twee opeenvolgende lettergrepen. De indeling in lettergrepen volgt grotendeels de uitspraak van het woord. Toch zijn er twijfelgevallen: soms gaat een letter naar de volgende regel, soms blijft er juist een staan. Een aantal veelvoorkomende kwesties op een rijtje:

- Als een samenstelling wordt afgebroken op de grens van twee woorddelen, verandert er aan beide woorddelen niets: *hoofd-ingang* (ook al wordt het vaak uitgesproken als 'hoof-tin-gang'), *nieuws-gierig* (niet *nieuw-sgierig*), *dop-erwtjes*.
- Als een afgeleid woord wordt afgebroken op de plaats waar het achtervoegsel begint, zijn er twee mogelijkheden:
  - Als het achtervoegsel met een medeklinker begint (zoals *-te*, *-je* en *-tje*), gaat het in zijn geheel naar de volgende regel: *breed-te*, *vriend-je*, *doperwt-jes*, *klein-tje*, *dopper-tjes*.
  - Als het achtervoegsel met een klinker begint (*-ig*, *-er*, *-aar*), gaat de voorafgaande medeklinker mee naar de volgende regel: *leven-dig*, *suf-fig*, *zoe-mer*, *brugklas-ser*, *wande-laar*. Let op: de combinatie *st* gaat in zijn geheel mee: *dor-stig*, *beheer-ster*. (Maar het is wel *pers-te*, want hier is *-te* het achtervoegsel.) Belangrijke uitzondering: bij *-achtig* gaat géén medeklinker mee naar de volgende regel: *regen-achtig*, *reus-achtige*.
- De combinatie *ng* wordt na de *n* afgebroken: *jon-gen*, *konin-gin*.
- De combinaties *ch* en *sh* worden niet gescheiden: *la-chen*, *goo-chem*, *lun-chen*, *pu-shen*, *mar-shallplan*.
- Als een woord zelf een streepje bevat en op die plaats wordt afgebroken, komt er geen extra streepje: *auto-ongeluk*, *Noord-India*.
- Een trema of apostrof vervalt als op die plaats wordt afgebroken: *twee-entwintig*, *archa-istisch*, *baby-tje*, *AOW-er*.
- Verkleinwoorden als *pyjamaatje* en *cafeetje* verliezen hun dubbele klinker als die niet bij het grondwoord hoort: *pyjama-tje*, *café-tje*.
- Vermijd afbrekingen als *o-verig*, *vide-oband*, *vere-niging* en *e-mail*; oftewel: voorkom dat er een lettergreep van één letter op een andere regel staat dan het woorddeel waar hij direct bij hoort.
- Vermijd afbrekingen die een verkeerde lezing met zich (kunnen) meebrengen, zoals *karton-geval* als *kart-ongeval* bedoeld is.

Meer hierover is te vinden in het boek *Spelling geregeld*.

### 8.4.3 Een woord afbreken waar een streepje in zit

Woorden die van zichzelf al een streepje (koppelteken of weglatingsstreepje) bevatten, krijgen geen afbreekteken als bij het streepje worden afgebroken; bijvoorbeeld *Noord-Holland* en *land- en tuinbouw*:

- Mijn buurman werkt sinds vorig jaar in Noord-
  Holland. Hij is daar betrokken bij de land-
  en tuinbouw.

### 8.4.4 Een woord afbreken waar haakjes in zitten

Het komt weleens voor dat een deel van een woord tussen haakjes staat en dat er op de plaats van het haakje openen of sluiten een afbreking nodig is. Het is beter om dit soort afbrekingen te vermijden, maar als dat niet kan, leveren de volgende regels doorgaans het beste resultaat op.

Er zijn grofweg twee systemen in omloop, die allebei voor- en nadelen hebben. Het eerste systeem wordt het meest gebruikt.

Systeem 1: het afbreekteken komt áltijd aan het einde van de regel en dus ook ná het haakje sluiten:

- Hij is een specialist op het gebied van (ski)-
  vakanties. Zij woont al jaren in (Zuid-)-
  Frankrijk. Hun kind speelt graag met vuur-
  (werk).

Systeem 2: het afbreekteken hoort bij het deel dat moet kunnen worden weggelaten en staat daarom binnen de haakjes:

- Hij is een specialist op het gebied van (ski-)
  vakanties. Zij woont al jaren in (Zuid-)
  Frankrijk. Hun kind speelt graag met vuur(-
  werk).

Het is niet altijd mogelijk om bij een haakje af te breken; bijvoorbeeld bij *boer(en)*: *boeren* moet worden afgebroken als *boe-ren*, maar dat zou hier de onlogische afbreking *boe-r(en)* tot gevolg hebben.

### 8.4.5 Een woord afbreken waar een ander leesteken in zit

Voor of na een slash (zie § 8.6) wordt bij voorkeur niet afgebroken. Als het echt niet anders kan, is het het best om de slash aan het einde van de regel te zetten, ter 'vervanging' van het afbreekteken:

- We willen vragen of alle vaders/
moeders willen meewerken.

In een internet- of e-mailadres kan beter ook niet worden afgebroken. Eventueel is een punt als 'afbreekteken' te beschouwen. Het afbreken midden in een gedeelte van een internetadres kan verwarrend zijn omdat dan niet duidelijk is of het streepje bij het adres hoort of niet.

- *[liever niet:]* U leest meer hierover op onze site: www.onze-taal.nl.
- *[wel mogelijk:]* U leest meer hierover op onze website: www.onzetaal.nl.

## 8.5 Streepje bij getallen

Op deze en de volgende pagina volgen enkele functies van het streepje bij getallen. Zie § 11.8 voor het streepje als minteken.

### 8.5.1 'Tot en met'

Het korte streepje wordt ook gebruikt in de betekenis 'tot en met' (soms ook 'tot') tussen getallen: *1914-1918*, *het schooljaar 2010-2011*, *10-12-jarigen*, *14.00-15.30 uur*.

In combinaties van opeenvolgende getallen die duidelijk bij elkaar horen, is ook een schuine streep (slash; zie § 8.6) mogelijk: *schooljaar 2010/2011*, *seizoen '84/'85*, *groep 5/6* (een combinatiegroep), *groep 3/4/5*.

> **Let op:**
>
> In lopende tekst is het vaak beter om in plaats van het 'tot'-streepje gewoon het woord *tot* te gebruiken:
>
> - *[liever niet:]* We zijn van 10.00-17.00 uur geopend.
> - *[wel:]* We zijn van 10.00 tot 17.00 uur geopend.
> - *[wel:]* Openingstijden: 10.00-17.00 uur.

## 8.5.2 Telefoonnummers

De huidige conventie voor de notatie van telefoonnummers is in Nederland als volgt. Tussen het netnummer en het abonneenummer komt een streepje (bij voorkeur kort), eventueel met spaties eromheen, en de cijfers van het abonneenummer in groepjes van twee of drie (zie ook § 2.5.3):

- 0546 - 78 89 90
- 070 - 356 12 20
- 088 - 123 45 67
- 06 - 98 76 54 32
- 0900 - 345 45 85

Als het eerste deel het netnummer van een plaats is (dus niet begint met *06*, *08* of *09*), kan het ook tussen haakjes staan. In een rijtje telefoonnummers waarvan er een aantal een 06- of 0900-nummer zijn, is het beter om ook bij de netnummers geen haakjes te gebruiken.

Het streepje kan wegblijven in de internationale notatie; voor het nummer staan dan een plusje (zonder spatie) en de landcode (met een spatie erna):

- +31 70 356 12 20

## 8.5.3 Geldbedragen

In geldbedragen wordt een streep na de komma gezet als het om een rond bedrag gaat: € *236,-*. Hiervoor wordt bij voorkeur een lang streepje gebruikt. Als het bedrag aan het einde van de zin staat, komt de zinseindepunt (of een ander zinseindeteken) direct na de streep, dus zonder spatie ertussen:

- Hiervoor is een bedrag uitgetrokken van € 150,-.
- De vraag is: hebben we genoeg aan die € 150,-?

In teksten met veel ronde bedragen of met grote bedragen kunnen de komma en het streepje worden weggelaten. Er wordt ook vaak gekozen voor een formulering met het woord *euro*:

- De vraag is: hebben we genoeg aan die vijftien euro?

Zie § 11.5 voor het gebruik van de valutatekens.

## 8.6 Slash (schuine streep)

De 'voorwaartse' schuine streep wordt doorgaans *slash* genoemd; verouderde aanduidingen zijn *schrap* en *Duitse komma*.

De bekendste betekenis van de slash is 'of'; hij komt tussen twee of meer keuzemogelijkheden: *ja/nee*, *hij/zij*, *vlees/vis/vegetarisch*. Voorbeelden:

- Elke medewerker beslist zelf of hij/zij meegaat.
- Ik kom wel/niet naar de open dag. *[Bijvoorbeeld op een formulier, vaak met de opmerking 'Doorhalen wat niet van toepassing is.']*
- We zoeken nog een docent (m/v) voor onze school.

Belangrijk om te weten is ook wanneer je de slash níét moet gebruiken. De betekenis 'of' past niet in woorden als *woon/werkverkeer*, *zwart/witfoto* en *koers/winstverhouding*: de juiste spelling is *woon-werkverkeer* ('verkeer tussen wonen en werken'), *zwart-witfoto* ('foto in zwart en wit') en *koers-winstverhouding* ('verhouding tussen koers en winst'). Enkele ingeburgerde schrijfwijzen met een slash zijn *en/of-rekening* en *ja/nee-vraag*.

Voor en na een slash komt geen spatie als de slash twee woorden 'verbindt'. Er kunnen wel spaties komen als het om woordgroepen gaat.

- We zoeken een docent Frans / medewerker ondersteunend onderwijs voor onze school.

Zulke constructies zijn overigens niet altijd duidelijk voor de lezer; probeer ze waar mogelijk te vermijden.

### 8.6.1 In afkortingen, symbolen en getallen

De slash kan gebruikt worden in een beperkt aantal afkortingen; de bekendste zijn *a/d* ('aan de'), *p/a* ('per adres'), *t/m* ('tot en met') en *v/d* ('van de'). Tussen symbolen betekent de schuine streep 'per': *km/h* of *km/u* ('kilometer per uur').

Tussen cijfers heeft de slash een paar (uiteenlopende) functies:

- Vaak wordt hij gebruikt in een formuleachtige context, bijvoorbeeld tussen de delen van een breuk: 2/3, 12½.
- Een betrekkelijk nieuw gebruik zijn de constructies 24/24, waarmee bedoeld wordt 'vierentwintig uur per dag', en 24/7, een ultrakorte weergave van 'vierentwintig uur per dag, zeven dagen per week'.
- De slash kan voorkomen in combinaties met twee opeenvolgende getallen die duidelijk bij elkaar horen: *het schooljaar 2010/2011, het seizoen '84/'85, groep 5/6* (een combinatiegroep). Wie deze notatie niet fraai vindt, kan voor een liggend streepje kiezen: *het schooljaar 2010-2011, het seizoen '84-'85, groep 5-6*. (Zie ook § 8.5.1.)

### 8.6.2 Als typografisch (scheidings)teken
De slash komt voor als scheidingsteken in internetadressen:

- http://www.onzetaal.nl/advies

Ook is de slash het gebruikelijke typografische teken om in geciteerde dichtregels het regeleinde aan te geven. Rondom deze slash kunnen spaties staan voor de duidelijkheid, maar ze worden ook vaak weggelaten.

- "Een cel is maar twee meter lang / en nauw twee meter breed."
- "Een cel is maar twee meter lang/ en nauw twee meter breed."
- "Een cel is maar twee meter lang/en nauw twee meter breed."

Met twee slashes naast elkaar wordt het begin van een nieuwe strofe of een nieuw couplet uitgedrukt.

## 8.7 Backslash, underscore en verticale streep

Er zijn drie strepen op het toetsenbord die weinig in gewone teksten worden gebruikt: de *backslash* (een 'achterwaartse' schuine streep), de *underscore* (een lage, liggende streep) en de verticale streep. Ze komen vooral voor in de computerwereld of als opvallend vormgevingsteken.

De backslash scheidt diskdrive-aanduidingen, namen van mappen (directory's) en namen van bestanden van elkaar:

- C:\Mijn documenten\Werkteksten\Leestekens.doc

De underscore is gangbaar in webadressen of bestandsnamen ter vervanging van de spatie (die in dat soort gevallen niet altijd goed mogelijk is):

- http://nl.wikipedia.org/wiki/Genootschap_Onze_Taal

De verticale streep wordt weleens als een soort scheidingsteken gebruikt in bedrijfsnamen of logo's op briefpapier en in andere vormgegeven teksten:

- Gier | Stam en Partners

In programmeertalen en besturingssystemen wordt dit teken op allerlei manieren gebruikt. In de computerwereld wordt het vaak aangeduid met de term *pipe*.

# 9 Aanhalingstekens

## 9.1 Vormgeving

Er zijn twee typen aanhalingstekens: 'enkele' en "dubbele"; zie voor de gebruiksmogelijkheden § 9.2.

### 9.1.1 Boven of onder, recht of gekruld?

Aanhalingstekens worden in de praktijk op tal van manieren vormgegeven:

1. 'We rijden met de trojka door het eindeloze woud.'
2. 'We rijden met de trojka door het eindeloze woud.'
3. 'We rijden met de trojka door het eindeloze woud.'
4. ‚We rijden met de trojka door het eindeloze woud.'
5. "We rijden met de trojka door het eindeloze woud."
6. "We rijden met de trojka door het eindeloze woud."
7. "We rijden met de trojka door het eindeloze woud."
8. „We rijden met de trojka door het eindeloze woud."
9. »We rijden met de trojka door het eindeloze woud.«
10. «We rijden met de trojka door het eindeloze woud.»

De voorkeur gaat in de meeste gedrukte zakelijke teksten uit naar optie 2 en optie 6: gekrulde aanhalingstekens boven aan de regel, waarbij het begin- en eindteken 'tegengesteld gekruld' zijn. Het aanhalingsteken openen lijkt een beetje op een klein zesje, zijn tegenhanger op een klein negentje. (Al hangt dat sterk af van het lettertype.) In niet-opgemaakte e-mails en in teksten op internet wordt vaak de voorkeur gegeven aan de 'rechte' aanhalingstekens (optie 1 en 5); de gekrulde tekens leveren soms problemen op bij conversie van het ene naar het andere bestandsformaat of computersysteem.

Het aanhalingsteken onder aan de regel (optie 4 en 8) wordt steeds minder gebruikt – onder meer om verwarring met de komma te voorkomen. Kranten als *NRC Handelsblad* en *Trouw* maken er bij citaten nog wel gebruik van.

Ook het gebruik van tekens die boven aan de regel staan en dezelfde kant op gekruld zijn, zoals in optie 3 en 7, is sterk op zijn retour, al zijn er enkele kranten die ze nog steeds zo vormgeven.

De guillemets of ganzevoetjes (optie 9 en 10) zijn nooit erg populair geweest in Nederlandse teksten, in tegenstelling tot in Franse en Duitse.

> **Extra**
>
> In de meeste versies van het programma Word kan het gebruik van gekrulde aanhalingstekens worden 'afgedwongen' met de volgende toetscombinaties:
> - ' hou Ctrl ingedrukt en druk tweemaal achter elkaar op de '-toets
> - ' hou Ctrl ingedrukt en druk tweemaal achter elkaar op de `-toets
> - " eerst Ctrl en de '-toets tegelijk, dan Shift en de '-toets tegelijk
> - " eerst Ctrl en de `-toets tegelijk, dan Shift en de '-toets tegelijk

## 9.2 Dubbel of enkel?

### 9.2.1 Algemeen

In de praktijk worden enkele en dubbele aanhalingstekens door elkaar gebruikt. In verschillende kranten en boeken komen vrijwel alleen de enkele voor, omdat een teveel aan dubbele te onrustig zou kunnen overkomen; enkele aanhalingstekens zouden bovendien moderner zijn. In informele teksten worden juist vaak dubbele aanhalingstekens gebruikt. Zelfs de taaladviesboeken spreken elkaar op dit punt tegen.

Toch zijn er veel taalgebruikers die beide vormen gebruiken, om daarmee verschillende functies te markeren. Daar gaan we hieronder van uit.

Wie een duidelijk onderscheid wil maken, kan het volgende doen:
- dubbele aanhalingstekens voor letterlijke citaten;
- enkele aanhalingstekens om aan te geven:
  - dat er binnen een citaat een ander citaat staat;

- dat een woord niet in de letterlijke betekenis wordt gebruikt;
- dat het om een zelfbedacht woord gaat;
- dat het om een titel van bijvoorbeeld een artikel gaat;
- dat de vorm of betekenis van het woord zelf bedoeld is (zelfnoemfunctie).

In sommige gevallen is het duidelijker of gebruikelijker om een woord of titel cursief weer te geven dan het tussen aanhalingstekens te plaatsen. Dat geldt bijvoorbeeld voor boektitels en woorden in zelfnoemfunctie.

Van al deze gevallen volgen in de volgende paragrafen voorbeelden.

## 9.2.2 Citaten

Letterlijke citaten – hetzij uit geschreven tekst, hetzij uit gesproken tekst – worden bij voorkeur tussen dubbele aanhalingstekens gezet (maar zie § 9.2.1). Het cursiveren van citaten is niet nodig.

- De laatste zin van *De avonden* luidt: "Hij strekte zich uit en viel in een diepe slaap."
- De grote Van Dale (2005) omschrijft *citaat* als volgt: "aanhaling, plaats bij een schrijver, die men schriftelijk of mondeling als bewijs, getuigenis of voorbeeld aanhaalt".
- De directeur opende de avond met de woorden: "Welkom, dames en heren. Het gaat een lange zit worden."
- Op het bord stond: "Verboden in te rijden voor alle voertuigen".

Als er binnen een citaat (tussen dubbele aanhalingstekens) een ander citaat wordt gegeven, komt dat bij voorkeur tussen enkele aanhalingstekens:

- In *Onze Taal* (juli/augustus 2009) stond de zin: "In de *Girlz!* lazen we: 'Joehoe, het is bijna voorjaar!'"

Aan het eind van de zin hierboven staan een enkel en een dubbel aanhalingsteken direct naast elkaar. Het toevoegen van een spatie in zulke gevallen heeft niet de voorkeur.

Een citaat van meerdere zinnen kan voor de overzichtelijkheid worden vormgegeven als een aparte alinea, die bijvoorbeeld een klein stukje inspringt; in dat geval kunnen de aanhalingstekens eventueel wegblijven.

- De Troonrede 2009 bevatte de volgende passage:

    De regering zal de maatschappelijke weerbaarheid in ons land bevorderen door meer ruimte te geven aan burgers en organisaties en goed met hen samen te werken. Ook met medeoverheden en de publieke sector is goede samenwerking geboden. Vertrouwen in maatschappelijke organisaties, democratie en rechtsstaat is daarbij van onmisbaar belang.

Zie § 7.3.3 voor het toevoegen van een bronvermelding tussen haakjes.

Een streamer wordt tussen aanhalingstekens gezet als hij een citaat – bijvoorbeeld uit een interview – bevat. 'Gewone' mededelingen uit de tekst komen niet tussen aanhalingstekens.

### 9.2.3 Citaat van meerdere alinea's

Een citaat dat meerdere alinea's bestrijkt, bijvoorbeeld in interviews, krijgt in elk geval helemaal aan het begin en aan het einde aanhalingstekens. Voor de weergave van de overige alinea's zijn enkele 'systemen' gangbaar:

- Sommige taaladviesboeken adviseren alleen aan het begin en aan het einde aanhalingstekens te zetten en verder nergens. Dit is op zich logisch, omdat het citaat nergens wordt onderbroken, maar de lezer kan op deze manier na verloop van tijd uit het oog verliezen dat het om een citaat gaat.
- Verschillende kranten beginnen elke alinea van het citaat met aanhalingstekens openen (maar sluiten niet af met aanhalingstekens sluiten). Op deze manier wordt de lezer eraan herinnerd dat de afgedrukte tekst een citaat is, en niet de mening van de schrijver van het stuk bevat. Een nadeel van deze oplossing is dat de lezer kan denken dat er bij zo'n alinea een nieuw citaat begint, of juist dat aan het einde van de alinea een afsluitend teken ontbreekt.

- Een andere oplossing is om elke alinea van aanhalingstekens openen én aanhalingstekens sluiten te voorzien, zoals in interviews in *Onze Taal* gebeurt. Dat is wel overzichtelijk, maar ook minder gebruikelijk. Een nadeel hiervan kan zijn dat het geheel er als een dialoog uitziet.

Eén zaligmakende oplossing is er niet.

### 9.2.4 Gedachten

Gedachten worden niet tussen aanhalingstekens gezet: het zijn geen letterlijke weergaven van iemands woorden. Als de gedachte aan het begin van de zin staat, komt er een komma achter.

- Bij de eerste aanblik dacht ze: eindelijk een lotgenoot.
- Eindelijk een lotgenoot, was haar eerste gedachte.
- Wat een soesa!, dachten de aanwezigen.
- Zou het wel goed gaan?, dacht de verkoopster.
- Ik dacht wel even: hoe moet het verder?, maar ik had geen tijd om daar lang bij stil te staan.

Na een vraagteken of uitroepteken aan het einde van een gedachte kan de komma wegblijven, maar dat heeft niet de voorkeur:

- Wat een soesa! dachten de aanwezigen.
- Zou het wel goed gaan? dacht de verkoopster.

Dezelfde regels als voor gedachten gelden voor 'onechte citaten' (zie ook § 3.14.2). Daarmee worden zinnen bedoeld die niet per se letterlijk zo zijn uitgesproken of opgeschreven, maar die de inhoud van een standpunt, gedachte of mededeling verwoorden; ze worden meestal gevolgd door informatie over degene van wie het standpunt, de gedachte of mededeling afkomstig is:

- De directeur was duidelijk: iedereen verdient een bonus.
- Er is al genoeg geld verspild, vind ik.
- Het wordt tijd voor een nieuwe bonusregeling, aldus de voorzitter.

### 9.2.5 Gevleugelde woorden, lijfspreuken, motto's, thema's

Een motto, thema, lijfspreuk, enz. kan tussen aanhalingstekens staan als dat duidelijker is of als het om een gevleugeld woord gaat. De aanhalingstekens worden meestal weggelaten als het motto, thema, enz. heel kort is, aan het eind van de zin staat, voorafgegaan wordt door een dubbele punt of gevolgd wordt door een komma.

- De kiezer heeft het thema veiligheid op de politieke agenda gezet.
- Deze rockmuziek heeft als hoofdthema de decadentie van de mens.
- Vanavond begint er een tv-serie over het onderwerp misdaad.
- Het motto van de Franse Revolutie was: vrijheid, gelijkheid, broederschap.
- De leus van de Franse Revolutie was: 'Vrijheid, gelijkheid, broederschap.'
- Onder het motto 'een heitje voor een karweitje' doen veel kinderen klusjes voor anderen.
- Voetbal is oorlog, om met Rinus Michels te spreken.
- 'Voetbal is oorlog', om Rinus Michels te citeren.

### 9.2.6 Woord(en) op bijzondere manier gebruikt

Een woord dat niet in zijn letterlijke betekenis gebruikt is maar bijvoorbeeld ironisch, komt tussen enkele aanhalingstekens:

- Onze buurman houdt er 'interessante' opvattingen op na.

Dat geldt ook voor (relatief) onbekende, nieuw geïntroduceerde of door de schrijver zelf bedachte woorden:

- Becadé heeft Wexy aangewezen als 'preferred partner'. Een preferred partner geniet de voorkeur van een leverancier.
- Nederland 'vervinext' in rap tempo.

Na het woord *zogenoemd(e)*, *zogenaamd(e)* of *zogeheten* hoeven niet per se aanhalingstekens te worden gebruikt, maar fout is het evenmin:

- In deze zin is sprake van een zogenaamde 'hiaatdelger'.
- In deze zin is sprake van een zogeheten hiaatdelger.

> **Let op:**
> Woorden die voor de lezer waarschijnlijk onbekend zijn, bijvoorbeeld omdat het gaat om nieuwe of anderstalige woorden, worden de eerste keer in een tekst vaak gecursiveerd of tussen aanhalingstekens gezet. Zo mogelijk volgt dan ook een (korte) uitleg van het begrip. In de rest van de tekst hoeft het woord dan niet meer apart gemarkeerd te worden.

### 9.2.7 Zelfnoemfunctie

Als een woord in de zogeheten zelfnoemfunctie wordt gebruikt, kan het tussen enkele aanhalingstekens staan of in cursieve letters worden gezet:

- Het woord 'schuintamboer' bevat dertien verschillende letters.
- De zin 'Zorg goed voor je kinderen' bevat een voorzetselvoorwerp.
- De herkomst van de uitdrukking 'er geen been in zien' heeft te maken met een visgraatje.
- Het woord *schuintamboer* bevat dertien verschillende letters.
- De herkomst van de uitdrukking *er geen been in zien* heeft te maken met een visgraatje.

Cursiveren (met name van woorden en woordgroepen) heeft in gedrukte teksten de voorkeur. Als cursieve letters niet beschikbaar zijn, bijvoorbeeld in e-mailberichten zonder opmaak, kunnen aanhalingstekens worden gebruikt.

De betekenis van een woord staat in elk geval tussen aanhalingstekens (en niet cursief):

- Het woord *hypothese* betekent 'veronderstelling'.

Er worden bij voorkeur ook aanhalingstekens gebruikt in gevallen waarin het om een soort 'onecht citaat' gaat:

- De kans is groot dat het antwoord 'nee' is.
- Je zou hier een bord moeten plaatsen waarop 'Rustig rijden!' staat.

In vaste uitdrukkingen zijn zulke aanhalingstekens over het algemeen niet nodig: *ja zeggen* (bij een huwelijk), *nee schudden, daar zeg ik geen nee tegen, geen boe of bah zeggen, wie a zegt moet ook b zeggen, hij zegt oom/tante tegen me,* enz.

## 9.2.8 Titels, namen, rubrieken

Titels van boeken, films, cd's, enz. worden bij voorkeur gecursiveerd. Ze kunnen ook tussen enkele aanhalingstekens worden gezet als cursieve letters niet beschikbaar zijn (bijvoorbeeld in e-mailberichten zonder opmaak).

- Bekende taaladviesboeken zijn 'Schrijfwijzer' en 'Vraagbaak Nederlands'.
- Bekende taaladviesboeken zijn *Schrijfwijzer* en *Vraagbaak Nederlands*.

In veel huisstijlen wordt een verschil gemaakt tussen de weergave van de titel van de publicatie (boek, tijdschrift, film, cd) en de weergave van de onderdelen daarvan (hoofdstuk, artikel/rubriek, muziekstuk/nummer):

- De populairste rubriek in het tijdschrift *Onze Taal* is 'Ruggespraak'.
- Op de Doe Maar-cd *4us* staat onder andere het nummer 'Pa'.
- Het langste hoofdstuk in *Vraagbaak Nederlands* is 'Hoe schrijf je dat?'

> **Let op:**
> 
> Het bovenstaande geldt voor titels. Bij namen hoeven geen aanhalingstekens te worden gebruikt: dat geldt voor namen van personen, van commissies, van organisaties, van gebouwen, van restaurants, van kerken, van schepen en dergelijke. Om een naam duidelijker te laten uitkomen is het gebruik van aanhalingstekens soms wel te verdedigen, maar de voorkeur heeft het niet.
> 
> - Welkom in restaurant Het Hijgende Hert.
> - Hans werkt bij Ons' Lieve Heer op Solder.
> - We voeren op de Neeltje Jacoba.
> - Mijn collega woont in de wijk Fatima.

## 9.3 Combinatie met andere leestekens

### 9.3.1 Punt en komma

Het is niet altijd eenvoudig om de aanhalingstekens van een citaat of een voorbeeldzin te combineren met 'omliggende' leestekens. Het lastigst zijn de combinaties met komma's en punten. Hieronder een paar voorbeelden.

Valt het einde van het citaat samen met het zinseinde én is het citaat zelf ook een hele zin, dan komt de punt voor de aanhalingstekens sluiten, niet erna:

- Erwin Kroll zei: "Morgen wordt het een onrustige dag."

Staat er aan het einde van de zin een citaat van een paar woorden (dus geen hele zin), dan komt de zinseindepunt na de aanhalingstekens sluiten.

- Volgens Erwin Kroll wordt het morgen "een onrustige dag".

Een citaat dat – in zijn geheel – aan het begin van de zin staat, verliest zijn punt als er nog iets achter komt als *zei Erik*. Wel volgt er dan een komma: bij voorkeur ná de aanhalingstekens sluiten, omdat hij niet bij het citaat hoort.

- "Mijn broer woont in Rusland", zei Erik.

Veel (literaire) uitgeverijen geven er – onder meer om esthetische redenen – de voorkeur aan om de komma in alle gevallen vóór de aanhalingstekens te plaatsen. Dat is een kwestie van afspraak en huisstijl.

Bij een onderbroken citaat kan de komma wél voor de aanhalingstekens sluiten komen, namelijk als de komma in het citaat zelf zit en er precies op die plek een formulering als *zei Erik* staat. In het volgende voorbeeld is de geciteerde zin "Mijn broer woont in Rusland, namelijk in Moskou":

- "Mijn broer woont in Rusland," zei Erik, "namelijk in Moskou."

Er komt dan ook een komma ná de formulering *zei Erik*.

> **Let op:**
> Er is dus een subtiel verschil tussen deze twee zinnen:
>
> - "Dit is mijn broer", zei Erik, "die in Rusland woont."
> - "Dit is mijn broer," zei Erik, "die in Rusland woont."
>
> In het bovenste voorbeeld is de geciteerde zin "Dit is mijn broer die in Rusland woont" (zonder komma na *broer*), in het tweede voorbeeld is het "Dit is mijn broer, die in Rusland woont." Het verschil in betekenis is: in het eerste voorbeeld heeft Erik meerdere broers, en spreekt hij nu over die ene broer die in Rusland woont; in het tweede voorbeeld heeft hij maar één broer, en die woont in Rusland. Dit betekenisverschil wordt veroorzaakt door de komma voor de bijzin die met *die* begint; zie daarvoor § 3.7.1.

Het citaat kan na de onderbreking verdergaan met een nieuwe, hele zin. Er komt dan een punt aan het einde van de onderbreking, en het vervolgcitaat begint met een hoofdletter.

- "Mijn broer woont in Rusland", zei Erik. "Hij is daar getrouwd en heeft er kinderen gekregen."

Niet juist is in zo'n geval:

- "Mijn broer woont in Rusland", zei Erik, "hij is daar getrouwd en heeft er kinderen gekregen."

### 9.3.2 Uitroepteken, vraagteken en beletselteken

Als een citaat eindigt op een uitroepteken, vraagteken of beletselteken, komt er aan het einde van de zin geen punt achter:

- Hij schreeuwde: "We hebben het gehaald!"
- Ze vroeg: "Waar heb je het precies over?"
- Hij mompelde: "Over de bierblikjeswedstrijd ..."

Als het uitroepteken, vraagteken of beletselteken tussen haakjes staat, komt de punt er wel achter (bij voorkeur binnen de aanhalingstekens):

- De premier herhaalde: "Dit kabinet zal zich eraan houden (...)."

Staat zo'n citaat aan het begin van de zin en komt er nog iets achter als *zei Erik* of *stond in het jaarverslag*, dan kan er een komma achter komen:

- "We hebben het gehaald!", schreeuwde hij.
- "Waar heb je het precies over?", vroeg ze.
- "Over de bierblikjeswedstrijd ...", mompelde hij.

Het wordt steeds gebruikelijker om dergelijke komma's niet te plaatsen:

- "We hebben het gehaald!" schreeuwde hij.
- "Waar heb je het precies over?" vroeg ze.
- "Over de bierblikjeswedstrijd ..." mompelde hij.

Datzelfde geldt als er geen aanhalingstekens omheen staan: zowel met komma als zonder komma is mogelijk (zie ook § 9.4). Met name na het uitroepteken en het vraagteken is het duidelijker wel een komma te gebruiken.

- Wat een soesa!, dachten de aanwezigen.
- Zou het wel goed gaan?, dacht de verkoopster.
- Het duurt niet lang meer ..., dacht hij bij zichzelf.
- Wat een soesa! dachten de aanwezigen.
- Zou het wel goed gaan? dacht de verkoopster.
- Het duurt niet lang meer ... dacht hij bij zichzelf.

Tot nu toe ging het in deze paragraaf over komma's die een citaat van de eromheen liggende zin scheiden; die worden voor de duidelijkheid geplaatst. De komma heeft soms ook een grammaticale functie. Zo'n komma kan nooit worden weggelaten, dus ook niet na een citaat dat bijvoorbeeld op een uitroepteken eindigt. Een voorbeeld:

- Ze riep: "Hou je mond!", waar ik erg van schrok.

Voor de bijzin *waar ik erg van schrok* zou ook in andere gevallen een komma staan, zoals: *Het begon te onweren, waar ik erg van schrok.* (Zie ook § 3.7.2.)

Niet juist zijn constructies als de volgende:

- "Kom binnen!", riep ze, "dan schenk ik wat lekkers in."

De geciteerde zin is immers niet: *Kom binnen! dan schenk ik wat lekkers in.* Wat de interpunctie betreft zijn er voor deze zin twee betere oplossingen:

- "Kom binnen!" riep ze. "Dan schenk ik wat lekkers in."
- "Kom binnen," riep ze, "dan schenk ik wat lekkers in!"

## 9.4 Ander gebruik van de tekens ' en "

Het aanhalingsteken moet niet worden verward met de apostrof; die komt in hoofdstuk 10 aan de orde.

De tekens ' en " hebben ook enkele meetkundige functies; zie § 11.6.

# 10 Apostrofs

> **Let op:**
> Dit hoofdstuk gaat over het teken ' en niet over bijvoorbeeld het accentteken op klinkers. Zie daarvoor § 11.1.

## 10.1 Vormgeving

De apostrof ziet eruit als 'een komma in de lucht'. In de meeste lettertypes is de apostrof gelijk aan het aanhalingsteken sluiten, een 'klein negentje'. Het kan ook een kort verticaal streepje zijn (dat is vooral in webteksten en e-mail gangbaar). Niet juist is het 'kleine zesje'. Dus:

- *[goed:]* 't Is lekker weer vandaag.
- *[goed:]* 't Is lekker weer vandaag.
- *[fout:]* 't Is lekker weer vandaag.

De apostrof aan het begin van een woord of zin, zoals hierboven, staat in de praktijk weleens 'verkeerd om'. Sommige tekstverwerkingsprogramma's interpreteren dit teken namelijk alsof het een aanhalingsteken openen is – en geven het automatisch die vorm (een 'zesje').

Wie er zeker van wil zijn dat hij een echte apostrof – een 'negentje' dus – op zijn scherm krijgt, kan in Word de Ctrl-toets ingedrukt houden en tweemaal op de '-toets drukken (naast de dubbele punt).

## 10.2 Gebruik als weglatingsteken

De apostrof geeft soms aan dat een deel van een woord weggelaten is; hij staat dan op de plaats van de weggelaten letters. Voorbeelden van veelvoorkomende woorden met een apostrof als weglatingsteken:

- Hij kan 's avonds beter werken dan 's morgens.
- Hoe zeg je dat op z'n Engels?
- Den Haag wordt ook wel 's-Gravenhage genoemd.

> **Let op:**
>
> In *'s avonds, 's maandags, 's anderendaags*, enz. staat de apostrof vóór de *s* en niet erna: het zijn afkortingen van *des avonds, des maandags*, enz.
> Na een woord met een apostrof komt bovendien geen streepje (dus niet: *'s-avonds*), behalve in plaatsnamen: *'s-Gravenhage, 's-Hertogenbosch*.

In informeel taalgebruik kunnen ook de woorden *ik, het, hem, haar* en *eens* worden ingekort met een apostrof: *'k, 't, 'm, 'r, 'ns* (of *'s*). Die korte vormen worden in verzorgde schrijftaal bij voorkeur vermeden.

- Daarom heb 'k 't 'm 'r 'ns laten vertellen. *[Lees: Daarom heb ik het hem haar eens laten vertellen.]*

> **Extra**
>
> In plaats van *hij* kan in informele teksten ook *ie* gebruikt worden. Dit wordt niet voorafgegaan door een apostrof (*dat 'ie komt*) maar door een streepje: *dat-ie komt*.

Als een woord dat met een apostrof begint het eerste woord van een zin is, krijgt het vólgende woord een hoofdletter:

- 's Avonds kan hij beter werken dan 's ochtends.
- 'ns Kijken ... ja, hier heb ik het.

De apostrof als weglatingsteken kan ook worden toegepast:
- bij plaatsnamen: *A'dam, R'dam, A'foort, H'sum, A'pen* (Amsterdam, Rotterdam, Amersfoort, Hilversum, Antwerpen). Zulke afkortingen worden niet zonder meer door iedereen begrepen.
- bij jaartallen: *geboren in '73, het seizoen '09/'10*. Let op: in *de jaren 60* staat geen apostrof, omdat hier niet het jaartal *1960* is afgekort.
- in gedichten, bij een zogeheten syncope: *zijn onstilb're honger, deez' ochtend, d'oude man*.

Ook deze verkortingen worden in schrijftaal bij voorkeur vermeden.

## 10.3 Gebruik bij bezitsvormen

De apostrof wordt soms gebruikt in bezitsvormen op een *s* van namen (en sommige gewone woorden). Of er een apostrof nodig is, hangt af van de laatste letter van de naam, en soms van de uitspraak daarvan.

**Hoofdregel**:
Schrijf de bezits-*s* direct aan de naam of het woord vast: *Wims dochter, Hannahs verjaardag, Annies kapsalon, Wesleys voetbalcarrière*.

- Heb jij Willems bril en Brigittes pruik gezien?
- Mijn vaders standpunt is: moeders wil is wet.

**Uitzonderingen**:
- Als de slotlettergreep op één losse klinkerletter eindigt, komt er een apostrof voor de bezits-*s* (ter voorkoming van verkeerde uitspraak): *Menno's fiets, Alexia's zusje, Amy's wijnhuis*. Dit geldt niet bij de toonloze *e* en de *é*: *Ankes kat, Belgiës heuvels, Renés dictees*.
- Een afgekorte naam krijgt ook een apostrof voor de *s*: *JP's flat*.
- De bezits-*s* wordt vervangen door een apostrof bij woorden die op een sisklank eindigen: *Truus' vriend, Inez' auto*. Dit geldt ook voor de *sj*, de *tsj*, de *zj*, de *dzj* en alle letters of lettercombinaties die als sisklank worden uitgesproken: *Alex' vriend, Maurice' mail, Bush' vader, Mladic' signalement*. Ook *George* valt hieronder, zowel in de Engelse als in de Franse uitspraak: *George' boek*.
De 'Engelse *th*' valt niet onder de sisklanken; daarom is het *Keiths gitaar, Kenneths acteerprestaties* en *Wordsworths boeken*.
- Als de slot-*z* of slot-*x* van een naam niet wordt uitgesproken, komt de bezits-*s* eraan vast: *Bordeauxs haven, Dutrouxs huis, Saint-Tropezs bezoekers*. Als de slot-*s* niet wordt uitgesproken, komt er wel een apostrof maar geen *s*: *Dumas' werken, Limoges' inwoners*.

> **Let op:**
> In de praktijk wordt ook na een medeklinker, toonloze *e* of klinkercombinatie vaak een apostrof geschreven: *Jan's fiets, Kenneth's acteerprestaties, Van Dale's woordenboeken, Wesley's carrière*. In de witte spelling is dit toegestaan, in de officiële spelling niet.

Meer over dit onderwerp is te vinden in het boek *Spelling geregeld*.

## 10.4 Meervouden, verkleinwoorden, afkortingen, enz.

### 10.4.1 Woord eindigt op klinker

De apostrof wordt gebruikt bij meervouden op -s als het enkelvoud op een open klinker eindigt; dit voorkomt dat die klinker kort wordt uitgesproken:

- Ik heb nog steeds twee opa's.
- Wilt u het bedrag in euro's noemen?
- Haar hobby's zijn: cavia's aaien en puppy's verzorgen.

Een apostrof is onjuist na een *é*, een toonloze *e* of een klinkergroep: *abonnees, cadeaus, cafés, frisbees, goeroes, de Oranje-Nassaus, ruches, sites*.

De verkleinvorm van een woord dat op een klinker eindigt, krijgt alleen een apostrof als die klinker een *y* is; bij andere open klinkers wordt de klinker verlengd: *caviaatje, cafeetje, bikinietje, autootje, parapluutje, baby'tje*.

### 10.4.2 Afkortingen

Als van een afkorting een meervoudsvorm, verkleinvorm of andere afleiding wordt gemaakt, komt er een apostrof voor de uitgang: *dvd's, cd'tje, sms'en, msn't, hbo'er, A4'tje*. Dit geldt niet voor afkortingen die als 'gewoon woord' worden uitgesproken: *vips, ledje* (*led* = 'light emitting diode'), *vutter, wobben* (= een beroep doen op de Wet openbaarheid van bestuur, afgekort *WOB*).

Meer hierover is te vinden in het boek *Spelling geregeld*.

# 11 Overige tekens en symbolen: &, €, %, enz.

## 11.1 Accenten

### 11.1.1 Als spellingteken
De meeste accenten vallen onder de spellingregels en zijn geen leestekens, bijvoorbeeld:
- het accent aigu in leenwoorden: *café, procedé*, etc. (of de afwezigheid ervan: *elan, protegee*, etc.);
- het accent grave in leenwoorden: *volière, à propos*, etc. (of de afwezigheid ervan: *appel/appèl, omerta, caffe latte*, etc.);
- het accent circonflexe in leenwoorden: *enquête, skûtsjesilen*, etc. (of de afwezigheid ervan: *compote, ragout, paté*, etc.).

Zie voor meer informatie bijvoorbeeld het boek *Spelling geregeld*.

### 11.1.2 Als leesteken
Dezelfde tekens als hierboven kunnen soms ook als leestekens worden gebruikt. De bekendste toepassingen hiervan zijn:
- het klemtoon- of nadrukteken (altijd van linksonder naar rechtsboven): *kóm nou, mannen én vrouwen, dit is dé manier, het móét lukken, dat is níét waar*;
- het uitspraakteken (naar links of naar rechts, afhankelijk van de uitspraak): *hè, blèren, hé, één*;
- het samentrekkingsteken (een dakje): *Neêrlands* (= *Nederlands*), *biên* (= *bieden*), *geboôn* (= *geboden*).

## 11.2 Ampersand

*Ampersand* is de officiële naam van het teken &, dat 'en' betekent.

De ampersand wordt in lopende tekst gewoonlijk niet gebruikt, behalve:
- in namen van bedrijven, instellingen en afdelingen: *Vroom & Dreesmann, de afdeling Personeel & Organisatie*;

- in afkortingen van namen waar het woord *en* in zit: *V&D*, *P&O*;
- in enkele afkortingen van woordgroepen waar het woord *en* in zit: *r&b* ('rhythm-and-blues'), *B&B* ('bed and breakfast').

In informele teksten kan de ampersand wel gebruikt worden: *Wij richten ons op eten & drinken, maar niet op groente & fruit.* Niet iedereen kan dit gebruik waarderen; wees er dus niet te scheutig mee.

> **Let op:**
>
> In de afkorting van *burgemeester en wethouders* komt geen ampersand maar het woord *en: (het college van) B en W.*

## 11.3 Apenstaartje

Het apenstaartje is het bekendst als scheidingsteken in e-mailadressen: *info@onzetaal.nl*. Het wordt ook wel *at-teken* of *at-sign* genoemd; bij het oplezen van e-mailadressen wordt het @-teken vaak uitgesproken als 'et'.

In reacties op internetfora wordt de apenstaart vaak gebruikt in de betekenis 'aan' of 'voor' voor een naam: een reactie die begint met *@Brillem* is gericht aan iemand die eerder gereageerd heeft en zich Brillem noemt.

Soms wordt het @-teken gebruikt in namen om op een ludieke manier de letter *a* weer te geven: *Al@din*, *Z@ppelin*. Dat is soms onduidelijk. In lopende tekst kan de @ worden vervangen door een gewone *a*.

## 11.4 Emoticons

Emoticons zijn kleine gezichtjes of gezichtsuitdrukkingen die met behulp van leestekens worden weergegeven. In veel mail-, chat- en sms-programma's worden zulke combinaties automatisch vervangen door een (lachend, fronsend, huilend, enz.) gezichtje. Veelgebruikte emoticons zijn:

- :-) of :) blij, vrolijk; grappig hè?
- ;-)     knipoog, teken van lichte ironie

Overige tekens en symbolen: ₲, €, %, enz.   **115**

- :-(   ik vind het jammer
- :-D   glimlach of brede lach
- :-P   tong uitsteken (voor de grap)
- :-O   verbaasd

Lang niet alle emoticons zijn algemeen bekend; wees daarom terughoudend met het gebruik ervan.

Een emoticon aan het einde van de zin komt ná de zinseindepunt.

- Nou, prettige vakantie dan maar. ;-) Of had ik dat al gezegd?

Voor de duidelijkheid komt er voor en na emoticons een spatie. Overigens staan ze heel vaak aan het einde van een alinea.

## 11.5 Geldbedragen

Bij geldbedragen wordt bij voorkeur het valutateken van de desbetreffende munteenheid gebruikt (als er zo'n teken bestaat), bijvoorbeeld:

- € 9,95 *[euro]*
- $ 45,50 *[dollar, peso]*
- £ 15,95 *[pond]*
- ¥ 5.000 *[yen]*

Als het valutateken niet beschikbaar is, kunnen de internationaal vastgelegde drieletterige valuta-aanduidingen worden gebruikt, zoals *EUR* (euro), *USD* (Amerikaanse dollar), *GBP* (Brits pond) en *JPY* (Japanse yen). Het gebruik van *E* of *e.* als euroteken wordt afgeraden. Moderne toetsenborden hebben een toets voor het euroteken; de toetscombinatie is [Ctrl + Alt + 5] of [Alt Gr + 5].

Na het valutateken komt een spatie. Hoewel die er in Engelstalige teksten na het dollarteken vaak niet staat, is het in Nederlandse teksten wel wenselijk. Let op dat het valutateken niet los aan het einde van de regel komt te staan; dat is te voorkomen door een 'vaste spatie' tussen het teken en het bedrag te zetten (in Word: met [Ctrl + Shift + spatie]).

De komma wordt in geldbedragen gebruikt om euro's en dollars te scheiden van centen, ponden van penny's, enz.: € *9,95*. Bij ronde bedragen komt er een (lange) liggende streep na de komma: € *30,-* (zie ook § 8.5.3). De punt geeft de duizendtallen, miljoentallen, enz. aan: € *27.000,-* (zie ook § 2.5.2).

## 11.6 Graden, minuten en seconden

Het gradenteken is een klein rondje boven aan de regel: °. Het wordt gebruikt bij temperaturen en (meetkundige of geografische) hoeken.

Bij temperaturen in Celsius of Fahrenheit komt er een spatie tussen het getal en het gradenteken; tussen het gradenteken en de letter *C* of *F* komt geen spatie: *37,5 °C, 78 °F*. (De spatie vervalt in samenstellingen met zo'n aanduiding: *de 37°C-grens*.) Als de C of F wordt weggelaten (in informele teksten), komt er geen spatie voor het gradenteken: *Het was 37°.*

Hoeken worden uitgedrukt met het gradenteken direct na het getal, dus zonder spatie: *een hoek van 90°, een 360°-panorama*. Ook lengtegraden en breedtegraden worden zo weergegeven: *52° NB, 7° OL, op 30° breedte*.

Meetkundige en geografische graden kunnen nog worden onderverdeeld in minuten en seconden. De symbolen hiervoor zijn ' en " (niet gekruld maar recht): *51°33'28" NB, 5°5'28" OL*. (Zie § 2.5.1 en § 5.7.1 voor minuten en seconden als tijdseenheden.)

Die tekens ' en " worden verder nog gebruikt in onder meer de notatie van Angelsaksische maten: de ' staat dan voor *foot* ('voet') en de " voor *inch* ('duim'): *Naar Engelse maatstaven heb ik een lengte van 6'6".*

## 11.7 Procent en promille

Voor het procent- en promilleteken komt bij voorkeur geen spatie: *15%, 3,4‰ alcohol*. In veel contexten kan in plaats van het teken ook het woord worden gebruikt: *15 procent, 3,4 promille alcohol*. Het gebruik van de symbolen is vooral wenselijk in een tekst waarin meerdere percentages of promillages staan en het handig is die met elkaar te kunnen vergelijken.

## 11.8 Rekenkundige symbolen

De gebruikelijkste rekenkundige symbolen zijn het plus-teken, min-teken, maal-teken, gedeeld-door-teken en is-gelijk-teken.

In rekenkundige bewerkingen (of formuleringen die daar sterk op lijken) komt voor en na het symbool een spatie: $15 - 12 = 3$; $3 \times 3 = 9$; $28 : 7 = 4$.
Ook rondom de tekens voor 'groter dan', 'kleiner dan', 'groter dan of gelijk aan' en 'kleiner dan of gelijk aan' worden spaties gezet: $y < 5$.

Enkele opmerkingen:
- Het min-teken kan een kort of een lang streepje zijn; het lange streepje (zoals het gedachtestreepje; zie § 8.1) is wat gebruikelijker.
- Het plus- en het min-teken komen ook buiten rekenkundige bewerkingen voor. Er komt dan geen spatie voor of achter, en het min-teken is bij voorkeur kort. Voorbeelden: *6-* (zes min), *65+* (65 of meer/ouder), *+5* (o.a. sterkte van lenzen), *-6 °C* (zes graden onder nul).
- Het plus-teken wordt gebruikt in de notatie van internationale telefoonnummers: *+31 70 356 12 20*; zie ook § 8.5.2.
- Het maal-teken kan worden weergegeven met de letter *x*, maar veel tekstverwerkings- en vormgevingsprogramma's hebben er een apart teken × voor. Een sterretje (zoals in programmeertalen) wordt in lopende teksten niet als maal-teken gebruikt, een hoge punt (zoals in de wiskunde en dergelijke) ook niet.
- Het gedeeld-door-teken is een dubbele punt; zie ook § 5.7.1. De schuine streep wordt in lopende teksten niet als gedeeld-door-teken gebruikt (zie § 8.6 voor het gebruik van de schuine streep).

## 11.9 Sterretje

Het sterretje, oftewel de *asterisk*, is het teken *.

Het wordt soms gebruikt bij voetnootverwijzingen. De eerste voetnoot krijgt één sterretje*, een eventuele tweede krijgt er twee**, een derde drie***. In plaats van twee sterretjes kan ook de typografische 'opvolger' van de asterisk worden gebruikt: het teken †, dat in de drukkerswereld *obelisk* heet. Het derde teken in dit rijtje is de dubbele obelisk: het teken ‡. De obelisk en de dubbele obelisk worden in de praktijk zeer weinig gebruikt.

Het gebruik van het sterretje als voetnootverwijzing is enigszins verouderd: genummerde voetnoten (1, 2, 3, etc.) zijn tegenwoordig veel gebruikelijker. Die zijn bovendien veel duidelijker en overzichtelijker als er meer dan twee voetnoten in de tekst of op de pagina voorkomen.

Sterretjes worden ook weleens gebruikt in (informele) e-mail-, chat- en sms-contexten, bijvoorbeeld:
- om aan te geven dat een woord nadruk krijgt (ter vervanging van vette letters): *Dat heb \*ik\* weer ...*;
- om vloeken en scheldwoorden te censureren: *Wat een k\*tweer!*;
- om bepaalde handelingen, geluiden, emoties e.d. uit te drukken: *\*grimmige blik\** (doorgaans als aparte regel of alinea).

De asterisk en obelisk worden ten slotte soms gebruikt om geboorte- en sterfjaren aan te duiden: *Willeke Alberti (\*1945) is de dochter van Willy Alberti (†1985).* Er komt dan meestal geen spatie achter.

> **Let op:**
>
> Het sterretje wordt in programmeertalen vaak als maal-teken gebruikt. Dat gebruik dient in lopende tekst vermeden te worden: het juiste maal-teken is de *x* of het 'echte' kruisje × (zie § 11.8).

# Over Onze Taal

**Genootschap Onze Taal**
Het Genootschap Onze Taal (opgericht in 1931) is een onafhankelijke vereniging van en voor taalliefhebbers. Tien keer per jaar krijgen tienduizenden leden het populaire tijdschrift *Onze Taal*, dat op een leuke en toegankelijke manier aandacht besteedt aan uiteenlopende aspecten van taal in het algemeen en het Nederlands in het bijzonder. De artikelen gaan bijvoorbeeld over hoe taal werkt en verandert, over de herkomst van woorden en de spelling ervan, en over taal in bepaalde beroepen en vakgebieden. Verder staan er tips in over taalgebruik in de praktijk, bijdragen en reacties van leden, en grappige en pijnlijke voorbeelden van taalfouten. Lid worden? Zie www.onzetaal.nl.

**Onzetaal.nl**
De website www.onzetaal.nl biedt elke dag uiteenlopend taalnieuws uit Nederland, België en de rest van de wereld. Er zijn veel artikelen en dossiers te vinden, en ongeveer vijftienhonderd veelgebruikte taaladviezen, waaronder een aantal heel handige opzoeklijsten.

**Taalpost en Woordpost**
Onze Taal geeft twee gratis e-mailnieuwsbrieven uit: *Taalpost* (met taalnieuws, tips en oproepen) en *Woordpost* (met uitleg bij moeilijke woorden uit de actualiteit). Zie www.taalpost.nl en www.woordpost.nl.

**Taaladviesdienst**
De Taaladviesdienst, die de serie *Taal geregeld* heeft geschreven, is elke werkdag bereikbaar voor snel en correct antwoord op alle vragen over goed Nederlands, dus ook over leestekens. Wij zijn bereikbaar op 0900 - 345 45 85 (10.00-12.30 en 14.00-15.30 uur, 80 cpm) of, voor leden van Onze Taal, via taaladvies@onzetaal.nl. Ook kunnen de taaladviseurs teksten corrigeren en taalcursussen geven. Zie verder www.onzetaal.nl/advies.

***Taal geregeld***

In de serie *Taal geregeld* verschijnen verder:

***Spelling geregeld*** (2009): alle spellingregels van het Nederlands, duidelijk geformuleerd en met de beste voorbeelden uit de praktijk; de enige spellinggids die de officiële en de witte spelling naast elkaar zet.

***Grammatica geregeld*** (2010): een bruikbaar overzicht van alle geregeld voorkomende grammaticale termen én antwoord op vragen over onder andere enkelvoud/meervoud, woordgeslacht en verwijzing.

***Tekstvorm geregeld*** (2010): een bijdetijdse gids over brieven, e-mail, uitnodigingen en dergelijke met onmisbare adviezen voor schrijven op papier en internet.

# Index

... 23
(...) 25
[...] 25
(!) 58
(?) 58
$-teken (dollar) 115
£-teken (pond) 115
¥-teken (yen) 115
€-teken (euro) 115
@-teken 114
*-teken 118
&-teken 113
†-teken 118
‡-teken 118
+-teken 117
×-teken 117
=-teken 117
°-teken (graden) 116

aanhalingstekens
  bij devies, motto, thema e.d. 102
  bij namen 104
  boven of onder 97
  citaat-in-citaat 99
  citaten 99
  dubbele of enkele 98
  figuurlijke betekenis 102
  gedachte 101
  in uitdrukkingen 104
  ironie 102
  komma ervoor/erna 49, 105
  na *zogenaamd*, *zogeheten* e.d. 102
  recht of gekruld 97
  streamer 100
  voor/na komma 105
  voor/na punt 105
  vormgeving 97
  woordbetekenis 103
  zelfbedacht woord 102
  zelfnoemfunctie 103
aanhef (brief, mail) 48
accent 113
afbreekteken 88
  algemene regels
    woordafbreking 89
  in internet- of e-mailadres 91
  in woord met haakjes 90
  in woord met slash 91
  in woord met streepje 90
afbreken: *zie* afbreekteken
afkorting
  afleidingen ervan 112
  met punten 17
  symbolen van eenheden e.d. 19
  zinseindeteken erna? 16
  zonder punten 18
ampersand 113
apenstaartje 114
apostrof 109
  bij afleidingen van
    afkortingen 112
  bij bezitsvormen 111
  bij meervouden 112
  bij verkleinwoorden 112
  vormgeving ('zesje' of
    'negentje') 109
  weglatingsteken 109
asterisk: *zie* sterretje
at-teken, at-sign: *zie* apenstaartje

backslash 94, 95
beletselteken
  in citaat 25
beletselteken (drie puntjes) 23
  komma erna in citaat? 107
  of gedachtestreepje 23

voor/na aanhalingstekens 106
betrekkelijke bijzin 38
bezitsvorm (apostrof) 112
bijschrift
  punt aan het eind? 15
bijstelling 33
bijvoeglijke naamwoorden
  (komma) 30
boektitels
  aanhalingstekens of cursief 104
bolletje (opsommingsteken) 85
breedtegraad 116
briefaanhef
  komma 48
briefafsluiting
  komma 49
bronvermelding
  haakjes 80
bullet (opsommingsteken) 85

cd-titels
  aanhalingstekens of cursief 104
cijfer (opsommingsteken) 85
citaat
  aanhalingstekens 99
  citaat-in-citaat 99
  komma voor/na
    aanhalingstekens 105
  meerdere alinea's 100
  punt voor/na
    aanhalingstekens 105
cursieve letters
  boektitels, cd-titels, filmtitels
    e.d. 104
  woord in zelfnoemfunctie 103

decimaalteken 50
  punt of komma 22
deel-teken (rekensommen) 117
devies
  aanhalingstekens? 102
  dubbele punt ervoor? 64
dollarteken 115

dubbele obelisk 118
dubbele punt
  algemeen 59
  bijbel-/koranpassages 21, 68
  bij thema, motto, devies 64
  gedeeld-door-teken 117
  gevolg/conclusie 59
  hoofdletter of niet? 60
  in briefonderwerp 64
  na als volgt 62
  na de/het volgende 62
  na kortom 61
  na namelijk of te weten 61
  of puntkomma 62
  oorzaak/verklaring 59
  rekenkundig 67
  twee in één zin? 60
  voor bijstelling 59
  voor citaat 63
  voor gedachte, gevoel e.d. 63
  voor/na *bijvoorbeeld* 46
  voor opsomming
    'horizontaal' 64
    'verticaal' 65
Duitse komma: *zie* slash

'elda'-regel: *zie* aanhalingstekens
e-mail
  komma in afsluiting 49
  komma na aanhef 48
e-mailadres
  afbreken 91
  apenstaartje 114
  punt erna? 14
  vierkante haken 77
emoticon 114
  voor/na punt 16, 115
en-teken: *zie* ampersand
et-teken: *zie* ampersand
euroteken 115

figuurnummer 20
filmtitels

# Index

aanhalingstekens of cursief 104
foot 116

ganzevoetjes 98
gedachte
  aanhalingstekens? 101
  komma erna? 101
gedachtestreepje 84
  aanvulling 83
  algemeen 83
  combinatie met komma 33, 84
  eind van de zin 84
  of beletselteken 84
  of haakjes 84
  zinswending 83
gedachtestreepje of haakjes 84
gedeeld-door-teken 67, 117
geldbedrag
  euroteken 115
  punt 21
  streepje of niet 92
  valutateken 115
getallen (punt) 21, 22
gradenteken 116
guillemets 98

haakjes
  algemene uitgangspunten 73, 77
  bij streepje, trema, apostrof 78
  bij toelichting of aanvulling 73
  bij verwijzingen binnen of buiten de tekst 74
  bronvermelding 80
  of gedachtestreepjes 74
  rond deel van een woord 78
  toevoeging/alternatief 74
  verduidelijking 73
  voor/na zinseindeteken 79
  vraag of uitroep erbinnen 80
hoek (graden) 116
hoge komma: *zie* aanhalingstekens; *zie* apostrof
hoofdstuknummer 20

horizontale opsomming 64
  komma's of puntkomma's 70
huisnummers 21

ie 110
inch 116
initialen 19
initialen van de auteur 76
internetadres
  afbreken 91
  punt erna? 14
  slash 94
ISBN-nummers 22
is-gelijk-teken 117

klemtoonteken 113
kloktijden
  punt of dubbele punt? 67
komma
  algemeen 27
  artikel 2, lid 3, sub a 51
  belangrijkste uitgangspunten 27
  betekenis 'namelijk' 46
  bij aansprekingen 47
  bij tussenwerpsels 47
  in briefaanhef 48
  in briefafsluiting 49
  in getallen 50
  in horizontale opsomming 30
  na citaat 49
  na uitroepteken of vraagteken 107
  na uitroep-/vraagteken 50
  rondom bijstelling 33
  tussen bijvoeglijke naamwoorden 30
  tussen hoofdzinnen 29
  tussen werkwoorden 32
  voegwoorden 41
  voor aanhalingstekens 49
  voor *als* 43
  voor *dan* 43
  voor *dat* 38

voor de duidelijkheid  51
voor *die/dat* (betrekkelijke
   bijzin)  38
voor *en*  39
voor *enzovoort, etcetera, en
   dergelijke*  41
voor *indien*  43
voor/na aanhalingstekens  49
voor/na *bijvoorbeeld*  46
voor/na *bovendien*  45
voor/na *denk ik, geloof ik, vind
   ik*  48
voor/na *echter*  44
voor/na *helaas*  45
voor/na *hoe dan ook*  45
voor/na *immers*  44
voor/na *in elk geval*  45
voor/na *kortom*  45
voor/na *stel, stel je voor*  48
voor/na *tenminste*  45
voor/na *trouwens*  45
voor *om*  42
voor *omdat*  41
voor *opdat*  43
voor *terwijl*  43
voor *toen*  43
voor *van wie/met wie* etc. (betrekkelijke bijzin)  38
voor *waarin, waarmee, waardoor*
   etc. (betrekkelijke bijzin)  38
voor *wat* (betrekkelijke bijzin)  38
voor *zoals*  43
voor *zodat*  43
koppelteken  86
koppen
   punt  15
   uitroepteken  55
   vraagteken  55
kort streepje: *zie* koppelteken; *zie* weglatingsstreepje;
   *zie* afbreekteken
   algemeen  86

lang streepje: *zie* gedachtestreepje
lengtegraad  116
liggende streep: *zie* underscore
lijfspreuk
   aanhalingstekens?  102
   dubbele punt ervoor?  64

maal-teken  117
mail: *zie* e-mail
meervoudsapostrof  112
min-teken  117
minuut (bij graden)  116
minuut (tijdnotatie)
   dubbele punt of punt?  68
motto
   aanhalingstekens?  102
   dubbele punt ervoor?  64

nadrukteken  113
namen van artikelen, rubrieken e.d.
   aanhalingstekens of cursief  104
n.v.d.r.  76

obelisk
   bij sterfjaar  118
   bij voetnoten  118
onecht citaat
   aanhalingstekens?  101, 103
opsomming
   'horizontaal'  30, 39, 64
   komma's, puntkomma's of
      niets  30, 39, 66, 70
   punten, vraagtekens  65
   streepjes  85
   'verticaal'  65
   voor beeldscherm  71

paragraafnummer  20
pipe: *zie* verticale streep
plus-teken  117
pondteken  115
procentteken  117
promilleteken  117

punt
　bij academische titels  20
　bij voorletter  19
　in bijschriften  15
　in getallen en geldbedragen  21
　in titels en kopjes  15
　in voetnoten  15
　na afkorting  16
　na beletselteken  25
　na internet- of mailadres  14
　na vraagteken/uitroepteken  16
　of puntkomma  13
　tijdsaanduidingen  20
　voor/na aanhalingstekens  15
　voor/na emoticon  115
　voor/na haakjes  15
　zinseinde (algemeen)  13
puntenreeks (beletselteken)  23
puntkomma
　algemeen  69
　in opsommingen  66, 70
　of dubbele punt  62
　of komma  70
　of punt  13

red.  76
redactioneel commentaar  76
rekeningnummers  22
rekenkundige symbolen  117

samentrekkingen (streepje)  87
samentrekkingsteken (dakje)  113
schrap: *zie* slash
schuine streep: *zie* slash;
　*zie* backslash
seconde (bij graden)  116
seconde (tijdnotatie)
　dubbele punt of punt?  68
sic  76
slash
　afbreken ervoor/erna?  91
　in afkortingen  93
　in bijv. 24/24 en 2011/2012  94

　in breuken  93
　in dichtregels  94
　in internetadres  94
　spatie ervoor/erna?  93
slingeraap: *zie* apenstaartje
smiley  114
sterretje  118
　bij geboortejaar  118
　bij voetnoten  118
　in e-mail, chat, sms e.d.  118
streamer
　aanhalingstekens  100
　punt aan het eind?  15
　uitroep-/vraagteken  55
streepje
　als opsommingsteken  85
　betekenis 'tot (en met)'  91
　gedachtestreepje  83
　in geldbedrag  92
　in samentrekkingen  87
　in telefoonnummer  92
　lang streepje  83
　tussen getallen  91
　weglatingsstreepje  87
symbolen (afkortingen)  19
syncope
　apostrof  110
　samentrekkingsteken (dakje)  113

tabelnummer  20
teksthaken: *zie* vierkante haken
telefoonnummer  22
　haakjes  75
　streepje  92
temperatuurnotatie  116
thema
　aanhalingstekens?  102
　dubbele punt ervoor?  64
tijdsaanduidingen  20
　punt of dubbele punt?  67
titels (boeken, cd's, films, artikelen
　e.d.)
　aanhalingstekens of cursief  104

met uitroepteken/vraagteken 55
titulatuur
  met/zonder punt 20
toetscombinaties 77
tussenkopjes: *zie* koppen
tussenwerpsels
  komma ervoor/erna 47

uitroepteken
  algemeen 53
  en/of punt in citaat 57
  in bijschriften 55
  in streamer 55
  in titels en kopjes 55
  komma erna in citaat? 107
  midden in de zin 58
  na afkorting 58
  naast beletselteken 57
  naast vraagteken 56, 57
  voor/na aanhalingstekens 106
uitspraakteken 113
underscore 95
uren en minuten 20, 67

valutateken 115
verbindingsstreepje 86
verhouding, schaal 67
verkleinvormen (apostrof) 112
vermenigvuldigingsteken 117
verticale opsomming 65
  komma's, puntkomma's of
    niets 70
  punten, vraagtekens 65
verticale streep 95
vierkante haken
  algemeen 76
  bij toetscombinaties 77
  redactioneel commentaar 76
  rond e-mailadres 77
  uitspraak van een woord 76
visitekaartje 67
voegwoorden
  komma ervoor? 41

voetnoot
  punt aan het eind? 15
voetnootverwijzing 118
voorletters 19
vraagteken
  algemeen 53
  bij onzekerheid of
    voorzichtigheid 54
  en/of punt in citaat 57
  in bijschriften 55
  indirecte vraag 53, 54
  in langere zin 53
  in streamer 55
  in titels en kopjes 55
  komma erna in citaat? 107
  midden in de zin 58
  na afkorting 58
  naast beletselteken 57
  naast uitroepteken 56, 57
  of komma 54
  voor/na aanhalingstekens 106

weglatingsstreepje
  in samentrekking 87
  in woordgroepen 88
  voor/na getal 88
weglatingsteken (apostrof) 109
weglatingsteken (citaat) 25
woorden afbreken: *zie* afbreekteken

yen-teken 115

zelfnoemfunctie
  aanhalingstekens of cursief? 103